LA PENA DE MUERTE Y LOS DERECHOS HUMANOS

"Cuando un Estado ejecuta a una persona, todos lo ejecutamos. Cuando la sociedad pide sanción de muerte para alguien, es porque las instituciones han perdido autoridad para hacer cumplir la ley. Nuestra obligación es defender la vida por encima de todo y los estados están obligados a garantizar los derechos humanos".

Luis Felipe Polo G.

Luis Felipe Polo G.

LA PENA DE MUERTE Y LOS DERECHOS HUMANOS

California, Los Ángeles – 2020

Luis Felipe Polo G.

La Pena de Muerte y los Derechos Humanos

A mi esposa Fátima y a mis hijas Natalia, Luciana y Andrea: nuestro amor va más allá del infinito.

A Guillermo (+) mi padre, quien fuera abogado penalista y de quien aprendí desde muy niño a defender la justicia y los derechos humanos.

A Margot mi madre, quien luchó por muchos años como defensora pública en un sistema de justicia injusto.

A mis hermanos.

A los sentenciados y a las familias de los ejecutados y condenados con la pena de muerte, su sufrimiento y resentimiento ante un Estado y su sociedad, es su cruz para toda la vida.

CONTENIDO

CAPITULO II. HACIA LA CONSTRUCCIÓN DE UNA NUEVA VISIÓN DE LOS DERECHOS HUMANOS PARA EL NUEVO MILENIO

CAPITULO III. LEGISLACIÓN GENERAL COMPARADA SOBRE LA APLICACIÓN DE LA PENA DE MUERTE

INTRODUCCION

En los países del mundo y ante un desafío como el que plantea la violencia organizada y no organizada, apoyar la pena de muerte, es caer en la lógica de la violencia, de confrontación total y aniquilamiento del otro, más aún, en momentos en que en estos países los sistemas democráticos en su mayoría buscan sociedades reconciliadas y de desarrollo de sus pueblos.

Que los países contemplen la pena de muerte dentro de sus legislaciones, es admitir de antemano la derrota de la sociedad frente a la violencia. En América Latina los países signatarios de la Convención Americana de Derechos Humanos, mas conocido como el Pacto de San José, tiene un carácter abolicionista que ha ido ratificado y que por lo tanto obliga al tener preeminencia sobre el derecho interno y el derecho internacional de los derechos humanos. La pena de muerte, ejecutada en nombre de toda la población de una nación, involucra a todos sus habitantes.

La necesidad de sensibilizar a las sociedades del significado de contar con la pena de muerte, de cómo se aplica y de cómo les afecta, constituye una violación de los derechos fundamentales. Aunque el Pacto de Derechos Civiles y Políticos y la Convención Americana admiten la aplicación de la pena de muerte, ninguna de sus disposiciones puede ser invocada como un obstáculo para demorar o impedir su abolición. La Convención Americana contempla la abolición progresiva de la pena de muerte puesto que, de acuerdo con el artículo 4 inciso 3), ella no podrá restablecerse en los países en que ya la han abolido y, de acuerdo con el inciso 2) del mismo artículo, tampoco se extenderá su aplicación a delitos a los cuales no se les aplique actualmente; es decir, no podrá imponerse dicha pena para otros delitos ya que se estaría actuando en contra de la Convención Americana, y además contra las propias Constituciones políticas de cada país.

En el contexto de la Convención Americana, la condición de que la pena de muerte no puede imponerse de conformidad con las leyes que estén en vigor en el momento de cometerse el delito y que no sean contrarias a las disposiciones de la Convención, se desprenden dos requisitos: En primer lugar, se exige que tanto las leyes sustantivas como las procesales en virtud de las cuales se pueda imponer la pena de muerte no sean incompatibles con las disposiciones de la Convención, especialmente aquellas del mismo artículo 6 - que señalan los casos en que se puede imponer la pena de muerte; las del artículo 14 - que se refiere a las garantías procesales de toda persona acusada de un delito; y, las del artículo 15 - relativas a la prohibición de leyes penales ex post facto.

En segundo lugar, es indispensable que la pena de muerte sea efectivamente impuesta en la práctica de acuerdo con esas leyes y con las garantías contempladas en la Convención. De vez en cuando, en los lugares donde la pena de muerte ha sido abolida, surgen voces pidiendo su restablecimiento.

El consiguiente debate puede ayudar a confirmar el buen criterio de haberla abolido y recordar las razones por las que la pena de muerte fue originalmente abolida y señalar la falta de consecuencias negativas. El hecho que un grupo de personas cometan actos de delincuencia, como asesinatos, secuestros, etc., con resultados escalofriantes de muerte o mutilación de las personas elegidas y en otras ocasiones las de otras personas que se encontraban casualmente en el lugar de los hechos, es comprensible que no sólo provoque una fuerte reacción de la sociedad, sino la exigencia a la pena de muerte.

Sin embargo, está probado que, las ejecuciones tienen la tendencia de aumentar los actos de violencia y no hay país en el mundo donde se haya demostrado que a pesar de tener la pena de muerte, haya disminuido sus estadísticas criminales.

Creemos que, la mejor política para acabar con la violencia en los países del mundo, es el respeto a los derechos humanos, cumplimiento de la ley, acabando con la impunidad; ocurre que la impunidad es algo más que un asunto delicado desde el punto de vista moral.

Obviamente para poder a cambiar el respeto por los derechos humanos universales, es importante reflexionar sobre la nueva dimensión que deben de tener de revalorización, sensibilización y apoderamiento de los mismos. En mi libro "Fundamentos Filosóficos de los Derechos Humanos" propongo una nueva visión de los derechos humanos con miras a un mejor entendimiento, aceptación y protección de los mismos.

No se trata, tampoco, de incentivar un espíritu de vendetta. El rechazo a la impunidad conviene ubicarlo desde una perspectiva de mediano y largo plazo, pues al buscar sanciones contra los responsables lo que se busca es, primero, legitimar el propio sistema y, segundo, prevenir la repetición de hechos condenables.

Al momento de publicarse este libro en la segunda mitad del año 2020, la atención mundial sigue concentrada en la pandemia a causa del Covid-19 que tiene 15 millones los contagiados y más de 600 mil fallecidos, millones de personas sin empleo, crisis sanitaria y económica por doquier, niños y jóvenes sin asistir a los centros de estudio, etc.

Lamentablemente aún no hay a la vista una vacuna que pueda prevenir los contagios a pesar de los esfuerzos de muchos laboratorios privados y de muchos gobiernos para descubrirla; mientras tanto, ya nos vamos "acostumbrando" a ver a más personas contagiadas y a seguir sufriendo con cada vida que se lleva la pandemia.

Discusiones como la pena de muerte han quedado de lado; sin embargo, es un tema que ha estado, está y estará siempre en nuestras sociedades.

Por eso hoy más que nunca es importante tener claro que el fin del Estado es el bien común y no el bien personal para poner fin al Estado.

El autor.

CAPITULO I
FUENTES DEL DERECHO INTERNACIONAL, DERECHOS HUMANOS Y PENA DE MUERTE

I. FUENTES DEL DERECHO INTERNACIONAL, DERECHOS HUMANOS Y PENA DE MUERTE

1.1. FUENTES DEL DERECHO INTERNACIONAL

Según la doctrina más aceptada, existen dos fuentes principales del Derecho Internacional: los tratados y la costumbre. El Estatuto de la Corte Internacional de Justicia, en su artículo 38 inc. 1, reconoce cuatro fuentes de derecho que deben ser aplicadas por la Corte, a saber: a) Las convenciones internacionales, sean generales o particulares, que establecen reglas expresamente reconocidas por los Estados litigantes; b) La costumbre internacional como prueba de una práctica generalmente aceptada como derecho; c) Los principios generales del derecho reconocidos por las naciones civilizadas; d) Las decisiones judiciales y las doctrinas de los publicistas de mayor competencia de las distintas naciones, como medio auxiliar para la determinación de las reglas de derecho, sin perjuicio de lo dispuesto en el artículo 59.

El internacionalista Rousseau opina en su obra "Derecho Internacional Público Profundizado", que ninguno de los "medios auxiliares" reconocidos en el artículo 38 mencionado, merece la calificación de "fuente de derecho", habiendo subrayado, por una parte, que las decisiones judiciales "no son más que un elemento de la costumbre internacional".

Por otro lado, dice que,

"(...) obra de elaboración doctrinal es, en efecto, exclusivamente una obra crítica. Los autores, aún los más inminentes, no crean el derecho positivo; sino que lo verifican, lo comentan, lo interpretan o lo aprecian, pero evidentemente son impotentes para crearlo (...)(1)".

Por otro lado, según la doctrina clásica, los tratados son obligatorios para los Estados Partes a partir de la fecha de su entrada en vigor o de la ratificación por el Estado, conforme con las disposiciones correspondientes del tratado mismo. Los tratados son obligatorios para los Estados Partes en la medida en que éstos no hagan reservas.

El Derecho Internacional Consuetudinario, fue tradicionalmente la principal fuente del Derecho Internacional. De una histórica sentencia por el asunto Lotus de la Corte Permanente de Justicia Internacional, se puede definir a la costumbre como:

"(...) una generalización de la práctica de los Estados, es decir, la prueba de un consenso general de expectativas generalmente aceptadas como derecho, o, si se prefiere, la cristalización de un consenso de los Estados respecto a una determinada pauta de comportamiento que se impone como derecho objetivo (2)".

Dos elementos son imprescindibles para la formación de una norma de derecho consuetudinario: la práctica y la "opinio juris", expresión latina que significa que un Estado se comporta en conformidad con una determinada regla porque considera que tiene la obligación de adaptarse a ella.

---

1 Rousseau Ch. Derecho Internacional Público Profundizado, p. 105.
2 Carrillo Salcedo. El Derecho Internacional en un Mundo en Cambio, p. 99.

En referencia a la Práctica como requisito del Derecho Consuetudinario, si bien no existe una regla clara y categórica que permita determinar cuándo una práctica es generalizada, existe consenso sobre algunas pautas. Por un lado, no es preciso que una norma sea aceptada unánimemente por la comunidad de naciones para adquirir obligatoriedad, y, por otra, su aceptación por una simple mayoría no es suficiente para este efecto.

La aceptación de una regla en la práctica de un Estado puede manifestarse expresa o implícitamente, incluso por el sólo hecho de no protestar ante los actos de otro Estado o de una organización internacional que le afecten.

La representatividad de los Estados que manifiesten la aceptación de una regla también es un factor importante, pues para formar parte del derecho internacional consuetudinario, la norma debe recibir una acogida favorable, si no de parte de todos los países, al menos de países de todos los distintos sistemas jurídicos y regiones geopolíticas.

En relación a la Opinio Juris como requisito del Derecho Consuetudinario, cabe citar el siguiente comentario de la Corte Internacional de Justicia:

"Los actos en cuestión no solamente deben constituir una práctica establecida, sino también deben tener el carácter, o realizarse de tal forma, que demuestren la creencia de que dicha práctica se estima obligatoria en virtud de una norma jurídica que la prescriba. La necesidad de tal creencia, es decir, la existencia de un elemento subjetivo, se halla implícita en el propio concepto de 'opinio juris sive necessitatis'. El Estado interesado debe sentir que cumple lo que supone una obligación jurídica. Ni la frecuencia, ni el carácter habitual de los actos, es en sí suficiente. Hay numerosos actos internacionales, en el terreno protocolario, por ejemplo, que se realizan casi invariablemente por simples consideraciones de cortesía, de conveniencia o de tradición, y no por un sentimiento de deber jurídico (3)".

---

3 Asuntos de la Plataforma Continental del Mar del Norte, Sentencia I.C.J. Reports, p.

Cuando una norma ha sido aceptada en la práctica general de los Estados y pasado a formar parte del Derecho Internacional Consuetudinario, no es preciso en caso de incumplimiento, comprobar que el Estado acusado de violarla la había aceptado.

Una norma de Derecho Internacional Consuetudinario no es obligatoria para un Estado únicamente si éste comprueba que ha negado su validez - como señala E. Jiménez de Arechaga - "desde sus comienzos... de modo inequívoco y continuo". Aún en este caso, la norma será obligatoria si tiene el carácter de "jus cogens", definido por el artículo 53 del Convenio de Viena sobre el Derecho de los Tratados como "una norma imperativa de derecho internacional general... aceptado y reconocido por la comunidad internacional de Estados en su conjunto como norma que no admite acuerdo en contra...".

En materia de Derecho Internacional, la de los Derechos Humanos es una de las ramas más codificadas. Existen instrumentos internacionales dedicados en forma específica a casi todos los derechos y libertades reconocidos en la Declaración Universal, entre estos están el derecho a la vida; la prohibición de la tortura, de la esclavitud, del trabajo forzoso y de diversas formas de discriminación; el derecho de asilo; el derecho a un tribunal independiente; la libertad de religión y de asociación; el derecho de los niños; y muchos más.

Todos estos instrumentos, sean tratados, declaraciones, principios básicos o reglas mínimas, pueden eventualmente englobar entre sus disposiciones normas de Derecho Consuetudinario.

1.2. LOS DERECHOS HUMANOS

Los derechos humanos han existido desde que existe la vida humana. Sin embargo, el concepto, la teoría de los mismos no dista de años atrás. Tratadistas, académicos, gobiernos, periodistas, abogados, sociólogos, filósofos, y cuanto otra profesión de las ciencias sociales se imagine, han elaborado "su" concepto de los derechos humanos, de acuerdo obviamente, a su conveniencia y sus intereses.

Un recorrido por la historia de la América, nos lleva a reflexionar sobre el hecho que los derechos humanos siempre estuvieron con nuestros antepasados; sin embargo, fueron a los que más se les violaron y esta situación hace que incluso iniciado la primera década del Siglo XXI, el desarrollo de los derechos humanos en Latinoamérica desde el punto de vista de su cumplimiento y práctica esté atravesando un momento crítico, donde es importante hacer un alto en el camino para replantear y enfocarlos desde una nueva visión para garantizarlos y hacerlos efectivos.

Los derechos humanos son un asunto de todos los humanos, sin importar condición social o profesión u oficio. Es un asunto de civiles y militares, de hombres y mujeres, de niños y niñas, de ancianos y enfermos, de grandes y chicos. Es un asunto que nos pertenece a todos porque todos los sentimos, es un patrimonio de la humanidad.

El problema es que los desconozcamos o que nos hagamos los que no los conocemos. Por eso, si no practicamos los derechos humanos cada día, todo lo escrito, dicho y defendido no servirá de nada.

Los cuatro grandes problemas de los derechos humanos son la conceptualización, fundamentación, determinación y realización; este último sin embargo, es el problema más grave al que hay que buscarle soluciones prontas y efectivas. Cuando en los años setenta especialmente en América Latina y en algunos países africanos se vivían bajo las dictaduras militares, la importancia de los derechos humanos fue desde el punto de vista de la garantía de los derechos civiles y políticos. Esto llevó a dejar de lado, los otros derechos que permitían la supervivencia de las sociedades, los derechos económicos y sociales. La pobreza por la que atraviesan la mayoría de los países del mundo, tiene que ver sin duda alguna con la realización de los derechos humanos. Sin una plena realización de éstos, por más estado de derecho y democracia que se tengan en dichos países, sus pobladores necesitan respuestas efectivas y oportunas que les permitan superar condiciones de vida dignas.

Por eso es que muchos autores reafirman en que una de las causas profundas que está constantemente impidiendo la realización plena de los derechos humanos es la existencia de estructuras económicas que producen y mantienen la desigualdad económica entre las sociedades. De allí que mientras existan las diferencias económicas, las desigualdades, las violaciones a los derechos humanos seguirán.

1.3. DERECHOS HUMANOS Y PENA DE MUERTE

1.3.1. Derecho a la vida

El carácter primordial del derecho a la vida no puede ni debe ser discutido; sin una garantía adecuada del mismo, prácticamente todos los derechos carecen de relevancia. Partiendo de esta premisa, el derecho a la vida es el primero y principal de los derechos humanos, es el fundamental; tal es la importancia de este derecho que él no puede ser suspendido ni aún en caso de circunstancias extraordinarias; ni siquiera en un estado de guerra. Por lo anterior uno podría esperar,

"que el derecho a la vida tuviera cierto tipo de primacía en el código internacional; que de algún modo tuviera un rango preeminente sobre los otros (...). Pero, en realidad, uno no encuentra nada de esa naturaleza; el derecho a la vida es como cualquier otro derecho humano. Como otros, tiene sus propias características - por ejemplo, la obligación del Estado es absoluta e inmediata, y no puede haber suspensión del mismo en tiempo de guerra o emergencia pública -, pero no disfruta de especial

preeminencia. En realidad, en su formulación en los tratados incluso admite varias excepciones (4)".

Es necesario que los contornos al derecho a la vida deben ser precisamente definidos en función de los instrumentos internacionales que lo consagran y de las características y limitaciones que se le han atribuido.

El derecho a la vida está consagrado en las normas internacionales sobre derechos humanos; la Declaración Universal (5), la Declaración Americana de Derechos Humanos (6), el Pacto Internacional sobre los Derechos Civiles y Políticos (7); y, la Convención Americana de Derechos

---

4 Sieghart, Paul. The Lawful Rights of Mankind, p. 107

5 Artículo 3: Todo individuo tiene derecho a la vida, a la libertad y a la seguridad de su persona.

6 Artículo. 1: Todo ser humano tiene derecho a la vida, a la libertad y a la seguridad de la persona.

7 Art. 6.-

1. El derecho a la vida es inherente a la persona humana. este derecho estará protegido por la ley. Nadie podrá ser privado de la vida arbitrariamente.

2. En los países que no hayan abolido la pena capital sólo podrá imponerse la pena de muerte por los más graves delitos, y de conformidad con leyes que estén en vigor en el momento de cometerse el delito y que no sean contrarias a las disposiciones del presente Pacto ni a la Convención para la prevención y la sanción del delito de genocidio. Esta pena sólo podrá imponerse en cumplimiento de sentencia definitiva de un tribunal competente.

3. Cuando la privación de la vida constituya delito de genocidio se tendrá entendido que nada de lo dispuesto en este artículo excusará en modo alguno a los Estados Partes del cumplimiento de ninguna de las obligaciones asumidas en virtud de las disposiciones de la Convención para la prevención y la sanción del delito de genocidio.

4. Toda persona condenada a muerte tendrá derecho a solicitar el indulto o la conmutación de la pena. la amnistía, el indulto o la conmutación de la pena capital podrán ser concedidos en todos los casos.

5. No se impondrá la pena de muerte por delitos cometidos por personas de menos de 18 años, ni se la aplicará a las mujeres en estado de gravidez. 6. Ninguna disposición de este artículo podrá ser invocada por un Estado Parte en el presente Pacto para demorar o impedir la abolición de la pena capital.

Humanos (8). De ellos se desprende que el derecho a la vida es uno de los derechos que deben ser respetados integralmente en todo momento, aún como decíamos en tiempo de guerra y en estados de excepción.

La protección fundamental que los instrumentos de derechos humanos otorgan al derecho a la vida radica en la frase "nadie puede ser privado de la vida arbitrariamente". No cabe duda que esta disposición expresa la esencia misma del Derecho a la vida reconocido por la Declaración Universal y por la Declaración Americana.

La prohibición de toda privación arbitraria de la vida es un principio básico que protege la vida en las más variadas circunstancias, desde la aplicación de la pena de muerte hasta las tácticas empleadas en conflictos armados, las desapariciones efectuadas por las fuerzas militares o paramilitares (9), el uso excesivo de la fuerza en la represión de

---

8 Artículo. 4.-

1. Toda persona tiene derecho a que se respete su vida. este derecho estará protegido por la ley y, en general, a partir del momento de la concepción. Nadie puede ser privado de la vida arbitrariamente.

2. En los países donde no han abolido la pena de muerte, ésta sólo podrá imponerse por los delitos más graves, en cumplimiento de sentencia ejecutoriada de tribunal competente y de conformidad con una ley que establezca tal pena, dictada con anterioridad a la comisión del delito. Tampoco se extenderá su aplicación a delitos a los cuales no se les aplique actualmente.

3. No se restablecerá la pena de muerte en los Estados que la han abolido.

4. En ningún caso se puede aplicar la pena de muerte por delitos políticos ni comunes conexos con los políticos.

5. No se impondrá la pena de muerte a personas que, en el momento de la comisión del delito, tuvieren menos de dieciocho años de edad o más de setenta, ni se le aplicará a las mujeres en estado de gravidez.

6. Toda persona condenada a muerte tiene derecho a solicitar la amnistía, el indulto o la conmutación de la pena, los cuales podrán ser concedidos en todos los casos. No se puede aplicar la pena de muerte mientras la solicitud esté pendiente de decisión ante autoridad competente.

9 Para encarar la necesidad de elaborar normas uniformes, la comunidad internacional comenzó a formular un conjunto de principios y normas médico-legales para la investigación y prevención de las ejecuciones extralegales, arbitrarias y sumarias. Esa labor, que se retrotrae al inicio del decenio de 1980, progresó considerablemente en la

manifestaciones callejeras y cualesquiera otros actos atentatorios. Así la prohibición de la privación arbitraria de la vida cumple dos funciones: refuerza los condicionantes de la imposición de la pena de muerte y sirve como garantía contra las ejecuciones extrajudiciales de toda índole.

Casi todas las normas constitucionales de los países, el derecho a la vida está contemplado en sus primeros articulados y es la base para normas de derecho civil, penal y otras constitucionales que protegen a la vida no sólo desde el punto de vista de los derechos individuales, sino también desde otros ámbitos del derecho.

1.3.2. La tortura

La definición de tortura más relevante en el derecho internacional actual, está contenida en la Convención contra la Tortura y Otros Tratos o Penas Crueles, Inhumanos o Degradantes, mediante Resolución 39/46 de la Asamblea General, aprobada el 10 de diciembre de 1984; el artículo 1 dice:

---

preparación de Principios relativos a una Eficaz Prevención e Investigación de las Ejecuciones Extralegales, Arbitrarias o Sumarias, recomendados por el Comité de Prevención del Delito y Lucha contra la Delincuencia en su décimo período de sesiones, celebrado en Viena en 1988. Los Principios, fueron aprobados por el Consejo Económico y Social en su resolución 1989/65, anexo, de 24 de mayo de 1989 y ratificados por la Asamblea General en su resolución 44/162 del 15 de diciembre de 1989. Se espera que el cumplimiento de las disposiciones de los Principios reduzca el número de ejecuciones extralegales, arbitrarias o sumarias. En primer lugar, el uso de los procedimientos adoptados durante las investigaciones de las muertes aportará las pruebas necesarias para aumentar la detección y la revelación de otras ejecuciones. Los autores de esas ejecuciones podrán luego ser objeto de sanciones judiciales o políticas. En segundo lugar, la aprobación de las normas dará también a los observadores internacionales directrices para evaluar la investigación de muertes sospechosas. Se podrá dar publicidad al cumplimiento de las normas y presionar a los gobiernos que no las acaten, especialmente cuando se crean se haya producido ejecuciones extrajudiciales, arbitrarias o sumarias. Si un gobierno rehúsa establecer procedimientos imparciales de investigación en esos casos, cabría deducir - sin equivocación alguna - que el gobierno oculta esas ejecuciones.

1. A efectos de la presente Convención, se entenderá por el término "tortura" todo acto por el cual se infrinja intencionalmente a una persona dolores o sufrimientos graves, ya sean físicos o mentales, con el fin de obtener de ella o de un tercero información o una confesión, de castigarla por un acto que haya cometido, o se sospeche que ha cometido, o de intimidar o coaccionar a esa persona o a otras, o por cualquier razón basada en cualquier tipo de discriminación, cuando dichos dolores o sufrimiento sean infligidos por un funcionario público u otra persona en el ejercicio de funciones públicas, a investigación suya, o con su consentimiento o aquiescencia. No se considerarán torturas los dolores o sufrimientos que sean consecuencia únicamente de sanciones legítimas, o que sean inherentes o incidentales.

Esta definición es similar a la que se estipula en la declaración sobre la Protección de todas las Personas contra la Tortura (10) y otros tratos o penas crueles, inhumanos o degradantes, aprobada por la Asamblea General de la ONU por Resolución 3452 (XXX) del 9 de diciembre de 1975.

La Convención de 1984 contiene dos cláusulas que amplían la definición que figura en la Declaración. En primer lugar, hace referencia a la discriminación como posible motivo de tortura, lo que no aparece en la Declaración de 1975. Asimismo, mientras que la Declaración se limita a referirse a actos practicados por un funcionario público personalmente "u otra persona a instigación suya", la definición más moderna que figura en la Convención abarca también los actos practicados con el "consentimiento o la aquiescencia" de un funcionario público.

El artículo 2 de la Convención Interamericana para prevenir y sancionar la tortura, aprobado por la Asamblea General de la OEA el 9 de diciembre de 1985, contiene una definición aún más amplia, dice así:

---

10 Define: como todo acto por el cual un funcionario público, u otra persona a instigación suya, infrinja intencionalmente a una personas penas o sufrimientos graves, ya sean físicos o mentales, con el fin de obtener de ella o de un tercero información o una confesión, de castigarla por un acto que haya cometido o se sospeche que ha cometido, o de intimidar a esa persona a otras.

"Para los efectos de la presente Convención se entenderá por tortura todo acto realizado intencionalmente por el cual se inflija a una persona penas o sufrimientos físicos o mentales, con fines de investigación criminal, como medio intimidatorio, como castigo personal, como medida preventiva, como pena, o con cualquier otro fin. Se entenderá también como tortura la aplicación sobre una persona de métodos tendientes a anular la personalidad de la víctima o disminuir su capacidad física o mental, aunque no causen dolor físico o angustia física. No estarán comprendidos en el concepto de tortura las penas o sufrimientos físicos o mentales que sean únicamente consecuencia de medidas legales o inherentes a éstas, siempre que no incluyan la realización de los actos o la aplicación de los métodos a que se refiere el presente artículo (11)".

Tanto la Declaración de 1975 como la Convención contra la tortura de 1984 excluyen de la definición de tortura los "sufrimientos inherentes" a penas legítimas.

Las diferencias entre la Declaración de 1975 y la Convención de 1984, no significan necesariamente un cambio sustancial en la definición de tortura vigente en el Derecho Internacional. Desde el final de la Segunda Guerra Mundial, y quien sabe desde inicios del siglo XX, se ha manifestado una tendencia innegable e irresistible hacia la protección cada vez mayor de los derechos del individuo.

Por lo tanto, no viene al caso inferir una regresión en la protección otorgada por el Derecho Internacional a un determinado derecho, y mucho menos a un derecho tan fundamental como es la integridad física a menos que se posean pruebas inequívocas de que esa fue la voluntad de la comunidad de naciones.

La famosa sentencia de la Corte Europea en el caso Irlanda contra Reino Unido, crea un precedente y confirma la voluntad de las naciones por acabar con el flagelo de la tortura, la sentencia dice en relación a las

---

11 Asamblea General, Resol 783 (XV-0185), Informe Anual 1985-86, p. 27

llamadas "cinco técnicas de privación sensorial o de desorientación" (12), así:

"Empleadas de forma acumulada, con premeditación y durante largas horas, las cinco técnicas causaron a aquellos que las sufrieron si no verdaderas lesiones, al menos fuertes sufrimientos físicos y morales; han provocado también en ellos perturbaciones psíquicas agudas en el transcurso del interrogatorio. Por lo tanto se consideran a tenor del artículo 3 como inhumano. Eran además de carácter degradante, puesto que eran capaces de crear en ellos sentimientos de medio, angustia e inferioridad aptos para humillarles, envilecerles y romper eventualmente su resistencia física o moral(13)".

El Tribunal estima, que si bien existen por un lado, acciones violentas - muy condenables según la moral y generalmente también según el derecho interno de los Estados contratantes-, que no caen dentro del ámbito del artículo 3 del Convenio, por otro lado aparece que éste, distinguiendo la "tortura" de los "tratamientos inhumanos o degradantes", ha querido, por el primero de esos términos, subrayar una especial infamia de los tratos inhumanos deliberantes que provoca sufrimientos muy graves y crueles.

Finalmente, en relación a la tortura podemos decir inequívocamente que es una violación a los derechos humanos particularmente grave y, como tal, rigurosamente condenable por el Derecho Internacional y, en particular, por la Declaración Universal de los Derechos Humanos, que proclama, en su artículo 5, que "Nadie será sometido a torturas ni a penas ni a tratos crueles, inhumanos o degradantes".

---

12 Las cinco técnicas incluían la privación de sueño, de alimentación y de líquidos, el mantener preso permanentemente encapuchado y expuesto a un ruido fuerte, y obligarlo a permanecer en posturas difíciles durante largos períodos.

13 C.E.D.H., sentencia del 18 de enero de 1978, Serie A, párrafo 167

1.3.3. Persecución a las minorías y la politización de la imposición de la pena de muerte.

A pesar de haber muchas referencias a las minorías en los instrumentos jurídicos internacionales de todo tipo (convenios multilaterales, tratados bilaterales, resoluciones de organizaciones internacionales), no existe una definición generalmente aceptada del término "minoría".

El crear o formular una definición universalmente aceptada ha sido y es una tarea bastante difícil y compleja, que ni la doctrina de los grandes estudiosos del Derecho, ni los órganos de las organizaciones internacionales han podido resolver hasta la fecha. Hay referencias para identificar algunos documentos internacionales sobre la proteccion a "minorias" donde no establece su concepcion filosofica y si una especie de agrupacion por etnia, aspectos sociales, economicos, culturales, etc.

Sin embargo, la Corte Permanente de Justicia Internacional dió su interpretación del concepto de minoría en un dictamen consultivo emitido el 30 de julio de 1930 sobre la emigración de las comunidades grecobúlgaras. Refiriéndose al Convenio del 27 de noviembre de 1919 firmado entre Bulgaria y Grecia, la Corte afirmó que:

"El Convenio grecobúlgaro sobre emigración es, según su preambulo, la aplicación del párrafo 2 del artículo 56 del Tratado de Paz concertado ese mismo día entre las potencias aliadas y asociadas y Bulgaria. Ese artículo forma parte de las disposiciones relativas a la protección de las minorías.

Se pone así de manifiesto el estrecho vínculo que existe entre este Convenio y el conjunto de medidas destinadas a garantizar la paz mediante la protección de las minorías.

Como se menciona en el preámbulo, ése es el espíritu en el que las principales potencias aliadas y asociadas han considerado oportuno que se inspire el Convenio para regular la emigración recíproca y voluntaria de las minorías en Grecia y Bulgaria. De ello se desprende que este Convenio no puede tener en cuenta otras personas distintas de las que constituyen las minorías en uno u otro país.

(...)

Según la tradición, (...) la "comunidad" es un grupo de personas que viven en un país o localidad determinados, tienen una raza, religión, lengua y tradiciones que les son propias y están unidas por la identidad de esa raza, religión, lengua y tradiciones en un sentimiento de solidaridad para conservar sus tradiciones, mantener su culto, asegurar la instrucción y educación de sus hijos de acuerdo con el genio de su raza y ayudarse mutuamente.

(...)

La cuestión de si (...) una comunidad determinada está o no conforme con la noción anteriormente descrita es una cuestión de hecho.

(...)

La existencia de las comunidades es una cuestión de hecho, no de derecho.

(...)

La Corte opina por unanimidad que debe responder como sigue a las preguntas que le han sido formuladas:

(...)

El criterio del concepto de comunidad, tal como se emplea en los artículos del Convenio (...), es la existencia de una colectividad de personas que habitan en un país o localidad dados, pertenecen a una raza, profesan una religión, hablan un idioma y conservan tradiciones propias y están además unidas por la identidad de esa raza, de esa religión, de ese idioma y de esas tradiciones en un sentimiento de solidaridad para conservar sus tradiciones, mantener su culto, asegurar la instrucción y la educación de sus hijos conforme al genio de su raza y ayudarse mutuamente.

Desde el punto de vista del Convenio, no se ha tenido en cuenta la cuestión de saber si, según la ley local, una comunidad tiene o no reconocida una personalidad jurídica propia (...)(14)"

En tres ocasiones, en sus períodos de sesiones tercero, cuarto y quinto(15), la Subcomisión de Prevención de Descriminaciones y Protección a las Minorías, recomendó a la Comisión de Derechos Humanos que aprobara un proyecto de resolución en el que se definieran las minorías a los fines y medidas de protección que se proponen adoptar las Naciones Unidas.

En el proyecto de resolución, que la Subcomisión aprobó en su tercer período de sesiones y enmendó en el cuarto período de sesiones, se indican de la manera siguiente los factores que, a juicio de la Subcomisión, habría que tener en consideración para formular una definición de las "minorías":

a). La existencia, entre los súbditos de muchos Estados, de grupos de población distintos, conocidos habitualmente con el nombre de "minorías", que tienen tradiciones o características étnicas, religiosas o linguísticas diferentes de las del resto de la población y que deben ser protegidos mediante disposiciones especiales de índole nacional e internacional para que puedan conservar y desarrollar las tradiciones o características mencionadas.

b). La existencia de un factor particular, a saber, que ciertos grupos minoritarios no necesitan protección. Esos grupos

---

14 C.P.J.I., Serie B, No 17, págs. 19, 21, 22 y 33. Mencionado por Francesco Capotorti, Relator Especial de la Subcomisión de Prevención de Discriminaciones y Protección a las Minorías, en el Estudio publicado por Naciones Unidas en 1991, p. 5

15 E/CN.4/Sub.2/119, párr.32; E/CN.4/Sub.2/140, anexo I, proyecto de resolución II; E/CN.4/Sub.2/149, párr.26.

comprenden en particular los que, aunque inferiores en número al resto de la población, constituyen el elemento dominante y los que aspiran a que se les trate de manera idéntica al resto de la población.

c). El hecho de que sería poco indicado entorpecer la evolución espontánea que se produce en una sociedad cuando ciertas condiciones como un nuevo ambiente o los medios de comunicación modernos determinan una rápida evolución racial, social, cultural o lingüística.

d). El peligro de adoptar medidas que podrían conducir a abusos entre las minorías cuyas aspiraciones espontáneas pudieran ser perturbadas por elementos que tuvieran interés en promover entre los miembros de esas minorías el desapego por ese Estado.

e). El hecho de que sería poco indicado garantizar el respeto de costumbres que podrían ser incompatibles con los derechos proclamados en la Declaración Universal de los Derechos Humanos.

f). Las dificultades que crearían las pretensiones a la condición de minoría que pudieran invocar grupos de tan poca importancia que la concesión de un trato especial a esos grupos pudiera, por ejemplo, gravar los recursos del Estado con una carga que no guardase proporción con su objeto.

A pesar de no haber un concepto general de "minorías", esto nunca ha constituído un obstáculo para la elaboración de los numerosos instrumentos internacionales que incluyen disposiciones relativas a los derechos de determinados grupos de población a conservar su cultura y utilizar su propio idioma.

La Carta de las Naciones Unidas, al igual que el Pacto de la Sociedad de Naciones, no contiene ninguna cláusula especial relativa a la cuestión de la protección de minorías. No obstante, a diferencia del pacto, la Carta de las Naciones Unidas proclama solemnemente en varias disposiciones los principios del respeto universal a los derechos humanos y a las libertades fundamentales, de la igualdad y de la no discriminación.

La pena de muerte se aplica selectivamente. Se aplica desproporcionadamente más a los pobres, a las minorías raciales, sociales y políticas y a los presos políticos.

La pena de muerte ha sido utilizada muchas veces con fines políticos.

Los gobernantes han ejecutado a sus rivales políticos o han intentado usar la amenaza de la pena de muerte para silenciar a sus oponentes.

Por conveniencia política se ha eliminado a miembros de partidos de oposición.

La pena de muerte ha sido utilizada para consolidar a los que ocupaban el poder, ya sea después de golpes de Estado que han triunfado (16) o de fracasados intentos de golpe de Estado.

En los casos políticos, la pena de muerte se aplica con frecuencia después de juicios sumarios u otros procedimientos que son realizados injustamente; cuando se ignoran o dejan de lado las normas aceptadas internacionalmente para un juicio justo,

---

16 Por ejemplo en Guatemala por citar un país que conozco bastante bien, en la dictadura de Jorge Ubico (1931-1944) una de las primeras disposiciones fue de notificar de manera oficial y pública a su pueblo que poseía "mano fuerte y ningún escrúpulo" para castigar a quienes él considerara delincuentes. Los numerosos fusilamientos ocurridos durante su gobierno, con o sin juicio, confirman que aquella declaración no fueron sólo simples palabras.

la pena de muerte se presenta como un abuso político y aumenta el riesgo de ejecutar a inocentes.

A pesar de la aceptación indiscutida a nivel internacional, de garantías para juicios equitativos en todas las causas de pena de muerte, miles de prisioneros han sido ejecutados tras procedimientos manifiestamente injustos.

Se han presentado cientos de casos, donde las causas se han visto en "secreto" sin que el procesado contara con asistencia legal adecuada y, a veces, sin asistencia de ningún tipo y ante jueces que no siempre eran competentes o independientes; se han acelerado trámites, dejando un tiempo insuficiente para preparar la defensa, o se ha denegado a lo procesados el derecho a apelar contra la sentencia condenatoria.

"En por lo menos 37 países existen tribunales especiales o militares facultados para dictar condenas a muerte tras procedimientos que no se desarrollan con las debidas garantías para un juicio justo o contra cuyas sentencias no cabe el derecho de apelación. Estos tribunales han sustituído a menudo a los tribunales penales ordinarios y han eliminado las garantías que éstos reconocían(17)".

Cuando se trata de juicios que no son de naturaleza política, la imposición de la pena de muerte se vuelve a menudo como un asunto del azar. El que una persona viva y otra muera viene determinado no solamente por el tipo de delito que se cometió, sino también por factores como de origen étnico de los acusados, sus ideas políticas, sus recursos económicos, sus ideas religiosas, o por su valor como sujetos paciente de un castigo ejemplar

---

17 Informe de Amnistía Internacional sobre la Pena de Muerte, p. 16.

1.3.4. El debido proceso y la pena de muerte

En su artículo 10, la Declaración Universal consagra el derecho de toda persona a ser oída públicamente y con justicia(18). El Pacto Internacional de Derechos Civiles y Políticos reconoce, en el inciso 1) del artículo 14, el derecho de toda persona a ser oída públicamente y con lasdebidas garantías(19). El artículo 8 inciso 1) de la Convención Americana por su parte, establece que toda persona debe ser oída con las debidas garantías(20).

---

18 Artículo 10.- Toda persona tienen derecho, en condiciones de plena igualdad, a ser oída públicamente y con justicia por un tribunal independiente e imparcial, para la determinación de sus derechos y obligaciones o para el examen de cualquier acusación contra ella en materia penal

19 Artículo 14.-

1. Todas las personas son iguales ante los tribunales y cortes de justicia. Toda persona tendrá derecho a ser oída públicamente y con las debidas garantías por un tribunal competente, independiente e imparcial, establecido por la ley, en la sustanciación de cualquier acusación de carácter penal formulada contra ella o para la determinación de sus derechos u obligaciones de carácter civil. La prensa y el público podrán ser excluidos de la totalidad o parte de los juicios por consideración de moral, orden público o seguridad nacional en una sociedad democrática, o cuando lo exija el interés de la vida privada de las partes, o en la medida estrictamente necesaria en opinión del tribunal, cuando por circunstancias especiales del asunto de publicidad pudiera perjudicar a los intereses de la justicia; pero toda sentencia en materia penal o contenciosa será pública, excepto en los casos en que el interés de menores de edad exija lo contrario, o en las actuaciones referentes a pleitos matrimoniales o a la tutela de menores

20 Artículo 8.- Toda persona tiene derecho a ser oída, con las debidas garantías y dentro de un plazo razonable, por un juez o tribunal competente, independiente e imparcial, establecido con anterioridad por la ley, en la sustanciación de cualquier acusación penal formulada contra ella, o para la determinación de sus derechos y obligaciones de orden civil, laboral, fiscal o de cualquier otro carácter.

El Comité de Derechos Humanos, hizo un importante comentario en relación al proceso justo:

"En la segunda frase del párrafo 1 del artículo 14, se dispone que toda aquella persona tendrá derecho a ser oída públicamente y con las debidas garantías.

En el párrafo 3 se detallan esas garantías en relación con los procesos penales. Ahora bien, las exigencias formuladas en el párrafo 3 son requisitos mínimos, cuya observancia no es siempre suficiente para asegurar un proceso que llene los requisitos previos en el párrafo (21)".

Este comentario confirma, de que la garantía genérica a un derecho "con las debidas garantías", plasmada en el artículo 14 inciso 1 del Pacto y en el artículo 10 de la Declaración Universal, es más amplia que la suma de las garantías específicas enumeradas en el artículo 14 inciso 3 de aquel instrumento.

Para decirlo de otra manera, el individuo no sólo tiene derecho a ser juzgado con el debido respeto de todas las garantías procesales reconocidas por la normatividad internacional, sino a ser juzgado "con justicia", a tenor de la Declaración Universal.

No podemos seguir desarrollando esta parte importante, sin antes no referirnos al concepto mismo del "debido proceso".

El concepto de "Debido Proceso" o Tutela Judicial Efectiva es relativamente novedoso en el campo de la disciplina procesal, y mucho más reciente en su sistematización constitucional de las garantías procesales para el Debido Proceso (due process of law) se inscribe en el marco de la constitucionalización de derechos iniciada en 1917 con la Constitución de Querétaro y proseguida en 1918 con la

---

21 Comentario General 13, párrafo 5, Informe 1984, p. 147

Constitución de Weimar, lo que a partir de entonces ha sido imitado por los subsiguientes procesos de constitucionalización y reflejado de diverso modo en las diferentes normatividades constitucionales.

La explicación de este fenómeno de constitucionalización de los derechos individuales y sociales se puede intentar a partir de la crisis del liberalismo, iniciado en la Revolución Francesa, y que se agudiza a finales
del siglo XIX y a principios del presente con la Revolución Industrial.

Es así como se constitucionalizan los derechos fundamentales, individuales y sociales. Y así llegamos también a la constitucionalización del derecho al Debido Proceso o, como también se le denomina sin que sean conceptos unívocos, a la Tutela Judicial efectiva, íntimamente ligado con los derechos fundamentales (justicia, libertad, certeza jurídica) y con la función jurisdiccional del Estado.

La vinculación entre el Debido Proceso y los Derechos Humanos se aprecia claramente. Más allá del rango normativo constitucional que puedan tener los principios y presupuestos procesales hoy constitucionalizados como garantías, compete su efectividad individual frente a los justiciables a un elemento axiológico: el acceso a la justicia(22).

El derecho del justiciable a un proceso judicial justo, equitativo e imparcial deja de ser un problema meramente procesal o, incluso, de garantía constitucional, para ingresar al ámbito de los derechos fundamentales de la personalidad.

---

22 En varios países del mundo, la multiculturalidad que lo forman hace que muchos de sus grupos que la componen no tengan acceso a la justicia tanto por problemas de idiomas como por distancias y desconocimiento de los pobladores a sus derechos.

El acceso a la justicia, es un derecho personalísimo, uno de los Derechos Humanos, casi tan importante como los demás derechos fundamentales. Una sociedad sin un sistema judicial eficaz jamás podrá poner en vigencia las bases esenciales de una organización democrática, ni poner en marcha de manera adecuada los mecanismos de protección a los demás Derechos Humanos.

La justicia, dice Davis Echendía(23), como noción abstracta, es inmutable; pero la manera de lograrla en la práctica difícil y esquiva, es necesariamente cambiable porque debe ajustarse permanentemente a la evolución del medio social y de la persona misma. Y es que en cada período histórico ha existido un diferente concepto de justicia y un especial procedimiento para lograrla, sin que antes, ni ahora, se haya alcanzado la protección, ni tan siquiera esa relativa e incompleta que suele satisfacer al hombre, la única que está a su alcance.

La importancia del proceso judicial se grafica en su principal fundamento: la sustracción del hombre de la posibilidad de dar a sus conflictos intersubjetivos solución privativa de modo singular. Por ello se sostiene que en su ausencia, la sociedad involucionaría a sus orígenes en que la autotutela definiría el primer impulso del sentimiento del derecho contra la injusticia: la acción violenta, la imposición de la fuerza antes que las razones, el origen de la defensa privada y de la venganza, esa justicia salvaje que se ha superado, precisamente, con la vigencia del Estado de Derecho.

En el proceso judicial, en tanto Debido Proceso, es el instrumento necesario para la obtención de la tutela judicial a

---

23 Davis Echendía, Hernando. IV Jornadas Latinoamericanas de Derechos Procesal; en Revista de Derecho Español y Americano. No 17, año XII. II Epoca, p. 117.

partir del cumplimiento de sus principales finalidades: el acceso al ideal humano o de justicia, el otorgamiento de la necesaria paz social para el gobierno de los hombres en un Estado Democrático de Derecho y la solución concreta de las controversias inter-subjetivas de los particulares dándose a cada uno lo que el derecho le corresponde.

Uno de los derechos individuales que a lo largo de la historia siempre ha figurado entre los derechos fundamentales, en cuanto constituye un instrumento de protección en contra de los absusos del poder, es el derecho a un "juicio justo", también llamado derecho al "debido proceso" o derecho a un "proceso regular".

La prisión preventiva dentro del ordenamiento jurídico constituye una medida cautelar de carácter personal y no se trata de una medida punitiva respecto a la culpabilidad de cualquier persona acusada de un delito ya que hacer esto representaría romper con el principio constitucional de presunción de inocencia. Hay una serie de requisitos y principios jurídicos; y, sobre todo debe de aplicarse como última opción. Lamentablemente en muchos países de América Latina se está aplicando como primera opción y de manera desproporcionada.

La presunción de inocencia se enmarca como un derecho humano fundamental, protegido básicamente por la Declaración Universal de Derechos Humanos el Pacto Internacional de Derechos Civiles y Políticos y la Convención Americana sobre Derechos Humanos, entre otros documentos internacionales, establecen que nadie puede ser considerado ni tratado como culpable hasta que sea comprobada su responsabilidad. Una persona sometida a prisión preventiva que resulta siendo inocente ve su derecho a la libertad seriamente restringido, además de que sus relaciones familiares, sociales y laborales sufrirán inevitablemente un daño.

La Comisión Interamericana de Derechos Humanos en su "Informe sobre el uso de la prisión preventiva en las Américas", solicitó a los Estados intensificar esfuerzos y a asumir la voluntad política necesaria para erradicar el uso de la prisión preventiva como forma de pena anticipada o herramienta de control social; asimismo, es tajante en afirmar que los Estados deben adoptar las medidas necesarias para garantizar que la prisión preventiva sea aplicada como una medida excepcional y justificada únicamente cuando se cumplan los parámetros legales aplicables en cada caso individual, mismos que deberán ser compatibles con el derecho internacional de los derechos humanos.

El relator sobre Personas Privadas de la Libertad en el 2013 de la Comisión Interamericana, manifestaba en la Audiencia Temática: Independencia judicial y prisión preventiva en las Américas, que "…detrás de las presiones ya sea de las autoridades del Estado o de los medios […] hay intereses políticos de la mayor importancia, lo que motiva a los medios a orientar las decisiones de los jueces en un sentido o en otro; o intereses de otra índole. […] Los jueces sufren de temor mediático, cuando un juez tiene que adoptar una decisión respecto de la libertad de una persona y ese caso está en el orden del día de los medios, el juez tiene temor mediático y prefiere hacer lo que en ese momento están pidiendo los medios […]. Es claro que los jueces le tienen temor a los medios y prefieren que el contenido de las decisiones judiciales sea el que éstos piden y no lo que resulte de una valoración probatoria".

La prisión preventiva dentro del derecho internacional, tiene un carácter estrictamente excepcional. Su aplicación tiene que basarse en principios de presunción de inocencia, legalidad, razonabilidad, necesidad y especialmente proporcionalidad. La justicia debe desaprisionar la prisión preventiva para creer que en verdad la justicia es justa.

En ocasiones el Comité de Derechos Humanos también se ha referido a este derecho como el "derecho a un juicio imparcial(24)"; sin embargo, la imparcialidad apunta sólo a la rectitud del tribunal y no al procedimiento, olvidando que -además de la necesaria imparcialidad del juzgador- hay muchas otras garantías que rodean a la persona que interviene en algún procedimiento judicial.

El derecho a un juicio justo, se trata de un derecho muy complejamente estructurado, que a la vez está conformado por un numeroso grupo de "pequeños" derechos, que constituyen sus componentes o elementos integrantes, y que se refieren ya sea a la estructura y características del tribunal, al procedimiento que este debe seguir y a sus principios orientadores, y -en el caso específico de las acusaciones criminales- a las garantías con que debe contar la defensa.

Esta naturaleza compleja del derecho a un juicio justo ha sido debidamente apreciada por el Comité de Derechos Humanos, agregando que la finalidad de todas sus disposiciones es garantizar la adecuada administración de justicia y, a tal efecto, afirmar una serie de derechos individuales, tales como la igualdad ante los tribunales y cortes de justicia, o el derecho a ser oído públicamente y con las debidas garantías, por un tribunal competente, independiente e imparcial, establecido por la ley.

Por consiguiente, debe observarse que, además de las garantías que se encuentran expresamente señaladas, hay otras que le son inherentes -en función de su objeto y su fin-, en cuanto toda persona tiene derech a ser oída "con las debidas garantías", las cuales lo complementan.

---

24 Por ejemplo, el Informe del Comité de Derechos Humanos a la Asamblea General. Suppl. No 40 (A/39/40). 1984, p. 146.

Asimismo en el ámbito penal, este derecho se encuentra muy estrechamente relacionado con otros derechos humanos que contemplan garantías judiciales, tales como el derecho a la libertad personal y la prohibición de leyes penales ex post facto; sin embargo,

> *"El sistema penal no está adecuado para proporcionar una eficiente defensa de los derechos humanos, ya que su intervención está estructuralmente limitada a una respuesta de conflictos, en el modo y en el lugar del sistema social en que se manifiestan: una respuesta a los síntomas y no a las causas(25)".*

Tanto en el Pacto de Derechos Civiles y Políticos como en la Convención Americana de Derechos Humanos, insisten en la competencia del tribunal.

No se trata sólo de la jurisdicción del tribunal (concepto distinto al de la competencia), sino de que éste sea, precisamente, el llamado por el ordenamiento jurídico a conocer de esta controversia en particular.

Esto es, que éste sea el competente para determinar el alcance de los derechos u obligaciones civiles de la persona afectada, o el llamado por la ley a pronunciarse sobre su culpabilidad o inocencia en el caso de una acusación criminal.

En el derecho anglosajón se diría que la persona tiene derecho a ser juzgada por sus "pares" o iguales. Hoy en día, en que prevalece el principio de igualdad ante la ley(26), lo

---

25 Polo, Luis Felipe. Teoría de la Criminología Crítica. En Boletín de la Comisión Andina de Juristas. No 27, p. 37.

26 La igualdad ante la ley es un principio teórico y doctrinario que prevalece sobre otros; sin embargo, en la práctica éste principio se coloca por debajo de otros menos importantes, dejando sin posibilidad de aplicarse la ley por igual a todos.

fundamental es que el tribunal que conozca el caso sea, precisamente, el señalado por la ley para tal efecto.

En todo caso lo que se desea evitar con esta garantía es la creación, operación de "comisiones" o "tribunales especiales", que no tengan asignada competencia sobre el caso concreto con anterioridad a los hechos que van a juzgar.

Un problema que puede surgir deriva de la posible modificación de la competencia de tribunales preexsistentes, retirando el proceso de sus "jueces naturales" y asignando el conocimiento de la causa a un tribunal distinto.

Aunque el asunto se planteó ante el Comité de Derechos Humanos, en el caso de un proceso que -después de estar paralizado por algún tiempo- se reinició ante un tribunal militar, luego que una ley sometiera retroactivamente a la jurisdicción militar todos los delitos políticos, el Comité no se pronunció sobre posibles violaciones en lo que concierne a esta garantía.

1.3.5. Delitos políticos y su diferencia con el delito común desde el punto de vista del Derecho Penal

La calificación de un hecho como delito político, tiene influencia decisiva en diversas situaciones jurídicas. Para fijar un concepto tan importante, la legislación no contiene un principio orientador; tanto más necesario, cuanto en este punto las opiniones son señaladamente discrepantes. En este aspecto el delito político es un concepto que pertenece al derecho de gentes.

a) Ubicación en los Códigos Penales

1. En los códigos penales, los delitos políticos no son legislados específicamente como tales en un capítulo que bajo el título de "Delitos Políticos" agrupe estas figuras delictivas; sino que son legislados habitualmente, distribuidos entre otros capítulos: en los delitos contra los poderes públicos, contra el ordenamiento jurídico y constitucional o entre los delitos contra el Estado y la Defensa Nacional.

2. La legislación y aún la doctrina, no siempre aceptan como delitos políticos ciertas figuras o hechos delictivos.

3. De alguna de estas figuras delictivas como el delito de rebelión por ejemplo (que pueden ser delitos comunes o militares según el caso), no está claro el concepto, ni definida la doctrina, si tiene o no carácter de delito político cuando es delito militar.

4. Por último, la doctrina clásica más autorizada no incluye entre los delitos políticos a los delitos contra la libertad, sin embargo estos delitos y muy en especial contra la libertad de imprenta, de reunión o de libertad individual, son delitos políticos en determinadas oportunidades.

De las consideraciones expuestas podemos afirmar que los delitos políticos en el derecho positivo, se encuentran legislados en forma poco ordenada y metódica, sin formar parte habitualmente, de un capítulo específico, distribuidos entre los diversos capítulos de las partes especiales de los códigos penales.

b) Concepto de Delito Político

La organización política comprende dos aspectos: la organización jurídica del Estado y la organización jurídica de las Instituciones. Esta última a su vez comprende dos aspectos o zonas o esferas distintas: la organización jurídica de instituciones de carácter político activo y la organización jurídica de instituciones de carácter político pasivo.

La diferencia entre instituciones de carácter político activo y las de pasivo, radica en que en las primeras el factor político generó la institución y por tanto el elemento político tiene carácter activo en la naturaleza jurídica de la institución; en cambio, en los segundos, factores de carácter no político generaron la institución empleando para ello, medios políticos, por los que la institución viene a recibir la influencia pasiva de lo político, de allí que el elemento político tiene un carácter secundario o indirecto en la naturaleza jurídica de la institución.

De lo expuesto surge un concepto base de delito político: serán aquellos delitos que atenten contra la organización jurídica del estado, o contra las instituciones de carácter político activo.

c) Relatividad de su Concepto

Como el delito político en su esencia es un atentado al ordenamiento político, ya sea directamente al ordenamiento jurídico del Estado, o contra las Instituciones de carácter político activo, es evidente el carácter relativista de los delitos políticos porque depende de los caracteres y la naturaleza de la organización política del país en que se lleven a cabo.

d) Elementos Doctrinarios

Podrían ser cuatro los elementos básicos en los cuales debe fundarse una teoría de los delitos políticos.

En primer lugar, se conceptúa que el sujeto activo en el delito político actúa siempre en nombre de una representación tácita del grupo social que defiende de acuerdo a sus ideales. Este elemento es fundamental para una teoría de los delitos políticos porque hace a la esencia del concepto mismo.

En el delincuente político aparece siempre ya sea -como dice Solercuando se actúa en nombre de la tiranía o en nombre de la libertad, este elemento diferencial y específico; la acción se realiza siempre en nombre de una presunta representación tácita de un grupo social o político. Esta representación podrá o no existir en la realidad de los hechos, ello es una cuestión de hecho, pero la acción siempre lleva implícito ser realizada en nombre de ese grupo social o político.

En segundo lugar, en el delito político siempre hay un ataque por parte del sujeto activo a la organización política del país, ya sea a la organización jurídica del Estado o a la organización jurídica de las instituciones de carácter político activo. Este ataque puede ser realizado desde el gobierno o desde el llano.

Cuando el ataque a la organización política venga desde el gobierno tendrá por finalidad oprimir al pueblo aunque aparentemente a primera intención no parezca; y cuando el ataque a la organización política venga desde el llano, tendrá por finalidad satisfacer ambiciones políticas ilícitas, que no han podido realizarse o satisfacerse por las vías normales del juego libre de las instituciones.

En tercer lugar, en los delitos políticos el sujeto activo obra en función de principios filosóficos, políticos y sociales que condicionan y determinan su conducta. Ya sea cuando desde el poder se tiende a oprimir al pueblo o cuando desde el llano se pretenda debilitar al gobierno; cualesquiera sean los métodos empleados en uno y otro caso, siempre existen en estas figuras delictivas la característica específica de que en ellas la conducta del

sujeto está condicionada y determinada por estos principios (filosóficos, políticos y sociales).

Y en cuarto lugar, en los delitos políticos existe siempre la característica específica de la tendencia esencial de la acción delictiva a la trascendencia social. La acción delictiva en los delitos políticos lleva elementos latentes de trascendencia social, ello no significa que se pueda abrir juicios sobre los beneficios o perjuicios que estas acciones puedan provocar, porque ello sería juzgarlas y de lo que se trata es de determinar su naturaleza jurídica.

Para estudiar el delito político Carrara dice que es necesario considerarlo en íntima relación con el Derecho Público Universal.

En Grecia el delito político era sancionado severamente, no se encuentra una noción jurídica del delito político lo suficientemente estructurada; en Roma se originó los delitos contra el Estado, se tipificó como "Preduellio" que significa guerra mala, perversa contra la propia patria, allí eran considerados como delitos todos los atentados contra el Estado.

1. Teorías Objetivas

Para el profesor belga Hans, por infracciones políticas se deben entender los crímenes y delitos que atentan únicamente al orden político, es preciso que su criminalidad dependa exclusivamente de su carácter político.

Para Prins, el delito político está constituido tanto en su acción como en su intención por el atentado a un determinado ideal político, es necesario que esté caracterizado por un ataque a cualquiera de los elementos integrantes de la organización política del país o contra cualquiera de las actividades de sus poderes políticos.

Thiry considera al delito político como una infracción contra la Cosa Pública. Todo delito político es una infracción de esta clase, pero no toda infracción contra Cosa Pública es delito político. Son delitos políticos los dirigidos contra el funcionamiento y existencia de los poderes públicos y los dirigidos contra los derechos políticos de los ciudadanos.

Para el profesor Arabia, el delito político sólo consiste y existe cuando se quiere cambiar por medios ilegales la organización constitucional de un Estado; por su parte Barsanti dice que, el delito político es todo ataque al Estado, contra su forma, sus poderes o su organización política, define al delito político como una agresión contra la forma de gobierno y del Estado que no afecta a su existencia.

Napodano dice que, lo fundamental en el delito político es su carácter jurídico, basta con que el delito sea un ataque o un peligro para la organización política para que se configure el delito político.

El italiano Conti dice que, el delito político es un fenómeno de divergencia colectiva y ocurre cuando no marchan de acuerdo la conciencia política y la conciencia jurídica.

El jurista Pacheco dice que llamamos delitos políticos, a los que llevan por objeto subvertir la constitución del Estado, es menester que proceda de ideas políticas, de política interna en la verdadera acepción de la palabra.

Finalmente para el profesor Tejedor, los delitos políticos atacan la organización política o social del Estado.

2. Teorías Subjetivas

Esta nueva tesis es enfática en la necesidad de analizar y determinar la calidad móvil y el fin que busca el delincuente para la configuración del delito político.

Lambroso y Laschi definen al delito político, como toda lesión violenta del derecho constituido por la mayoría para el mantenimiento del respeto de la organización política, social y económica querida por ella.

Sighele dice, para que se configure este tipo de delito, es necesario que se atente contra los sentimientos de piedad y probidad o contra el de respeto a la ley, que constituye para el Estado un derecho análogo al que posee todo individuo a conservar la integridad de su honor, estos delitos revelan en sus autores una inadaptación específica a la forma de gobierno.

Para Ferri, el delito político social es el cometido exclusivamente por móviles políticos o de interés colectivo. Acepta que algunos delitos comunes cometidos con fines de mejoramiento social, pueden ser considerados como políticos. Cataloga a los delincuentes políticos dentro de la categoría de los delincuentes pasionales.

Según Paoli, para que se considere delito político debe tenerse en cuenta el móvil que lo incita a obrar y la finalidad que se propone alcanzar al cometerlo.

El profesor español Jiménez de Asua, dice que para determinar el delito político se debe partir del móvil que guía al agente y del fin que el autor del hecho se propone.

Cuello Calon, dice que reconoce como característica del delito político los móviles altruistas. Estima que los delincuentes políticos carecen de peligrosidad y que por lo ocasional de sus infracciones no son acreedores de sanción ni tacha moral.

Finalmente para el profesor Eusebio Gómez, el móvil es el factor determinante del delito político, debiendo ser de naturaleza política sustancialmente altruista.

Cualquiera de los actos previstos por la ley penal puede tener, el carácter de delito político si lo determina exclusivamente un motivo político.

Debe distinguirse los delitos políticos de los delitos contra el Estado, en este último puede haber móviles personales, ambiciosos que en ninguna forma buscan mejoras para la organización social y económica, ni se puede atribuir a sus autores las tendencias altruistas, característica de la verdadera criminalidad política.

3. Teorías Mixtas

a. Elemento Objetivo, se refiere al bien o interés jurídicolesionado, atacado o puesto en peligro.

b. Elemento Subjetivo, atiende al móvil que guía al delincuente al fin perseguido por dicha acción, al altruismo de sus propósitos.

Si no se reúnen estos dos elementos, el objetivo y el subjetivo no se configuran el delito político.

El profesor Vidal dice que, el actor puede estar equivocado en sus convicciones, pero teniendo en cuenta el móvil, puede deducirse que es una persona altruista que sólo desea el mejoramiento del conglomerado social.

El delincuente político es responsable y debe ser castigado en interés del orden existente, su criminalidad y peligrosidad no puede compararse con la de un delincuente común, su inmoralidad es relativa.

Finalmente para Garraud, los delitos políticos tienen como consecuencia la destrucción, modificación o perturbación del orden político.

e) Diferencias con el Delito Común

Los delitos comunes deben particularmente distinguirse de los delitos políticos, definidos éstos con mayor propiedad en el Código Penal Italiano de 1930 como "los que ofenden un interés político del Estado, o bien un derecho político del ciudadano"; es decir, que para la consideración del delito se exige especialmente el análisis de la naturaleza del bien o interés jurídico lesionado; en cambio, la jurisprudencia y la teoría internacional prestan más atención a la calidad del sujeto y a la oportunidad del acto construyendo la teoría de los delitos conexos.

La distinción legal entre delitos políticos y delitos comunes depende de los propios estados, en función de su realidad política, económica y social que presentan dentro de su propia historia; sin embargo, es necesario en los países que se enfrentan con el fenómeno de la subversión terrorista -provenga de donde provenga- se haga una diferenciación al respecto, en virtud de las necesidades jurídicas y de la realidad social en que se enfrentan.

1.3.6. Principales normas de derecho internacional relativas a la pena de muerte

La comunidad internacional, sea a través de las organizaciones internacionales, mediante la suscripción de tratados y convenios entre los Estados y el interés y acción de entidades defensoras de los derechos humanos, mantiene en la actualidad un fuerte movimiento tendiente a la abolición de la pena de muerte o al menos a su restricción.

Las normas internacionales de derecho humanos establecen unas restricciones y garantías para los países en que todavía no ha sido abolida la pena de muerte. La Organización de las Naciones Unidas (ONU) y otras organizaciones intergubernamentales han creado mecanismos para tratar de asegurar que se observen las garantías y restricciones acordadas.

El Comité de Derechos Humanos, creado en virtud del Pacto Internacional de Derechos Civiles y Políticos (PIDCP), recibe con regularidad informes de los Estados Partes del Pacto sobre las medidas que han tomado para poner en vigor los derechos contenidos en éste. El Comité también puede recibir comunicaciones de individuos que aleguen que sus derechos humanos han sido violados por un Estado Parte del Protocolo Facultativo al Pacto.

El relator especial de la ONU sobre Ejecuciones Arbitrarias y Sumarias, nombrado en 1982, ha desarrollado un sistema para enviar comunicaciones urgentes a los gobiernos, basándose en peticiones de fuentes diversas en caso de inminentes ejecuciones sumarias o en peligro de ello, así como en los casos de ejecución en que no se hayan observado las garantías del Consejo Económico y Social (CES) de la ONU de 1984. En ocasiones se trata de ejecuciones extrajudiciales en que las víctimas no han sido acusadas formalmente ni juzgadas por un delito penado con la muerte, pero la mayoría de las veces se trata de casos de pena de muerte judicial en que pueden no haberse respetado las pertinentes garantías.

El Secretario General de las Naciones Unidas puede hacer "todo lo que esté a su alcance" para interceder ante los gobiernos en casos de pena de muerte cuando parece que no han sido respetadas las garantías mencionadas en los artículos 6, 14 y 15 del Pacto Internacional de Derechos Civiles y Políticos(27). Las personas y organizaciones que tengan conocimiento de tales casos inminentes pueden presentar informes al Secretario General de la ONU con vistas a conseguir su intercesión y, aunque se suelen mantener en secreto las comunicaciones, éste tiene libertad para hacer públicas sus preocupaciones(28).

A nivel de protección regional, casi todos los paises ya reconocen la competencia de la Corte Interamericana de Derechos Humanos. De acuerdo al artículo 62 inciso 1 que dice:

"Todo Estado Parte puede, en el momento del depósito de su instrumento de ratificación o adhesión de esta Convención, o en cualquier momento posterior, declarar que reconoce como obligatoria de pleno derecho y sin convención especial, la Competencia de la Corte sobre todos los casos relativos a la interpretación o aplicación de esta Convención".

Las normas principales de Derecho Internacional relativas a la pena de muerte son:

---

27 En la Resolución 35/172 de la Asamblea General de las Naciones Unidas adoptada sin votación el 15 de diciembre de 1980, pide al Secretario General que "haga todo lo que esté a su alcance en casos en que parezca no haberse respetado la norma mínima de garantías jurídicas...".

28 Nigel S. Rodley, The treatment of prisoners under international law, UNESCO, págs. 187-190

a) Declaración Universal de los Derechos Humanos

Artículo 3:

Todo individuo tiene derecho a la vida, a la libertad y la seguridad de su persona.

Artículo 5:

Nadie será sometido a torturas ni a penas o tratos crueles, inhumanos o degradantes.

b) Pacto Internacional de Derechos Civiles y Políticos

Artículo 6:

1. El derecho a la vida es inherente a la persona humana. Este derecho está protegido por la ley. Nadie podrá ser privado de la vida arbitrariamente.

2. En los países que no hayan abolido la pena capital sólo podrá imponerse la pena de muerte por los más graves delitos y de conformidad con leyes que esten en vigor en el momento de cometerse el delito y que no sean contrarias a las disposiciones del presente Pacto ni a la Convención para la prevención y la sanción del delito de genocidio. Esta pena sólo podrá imponerse en cumplimiento de sentencia definitiva de un tribunal competente.

3. Cuando la privación de la vida constituya delito de genocidio se tendrá entendido que nada de lo dispuesto en este artículo excusará en modo alguno a los Estados Partes del cumplimiento de ninguna de las obligaciones asumidas en virtud de las disposiciones de la Convención para la prevención y la sanción del delito de genocidio.

4. Toda persona condenada a muerte tendrá derecho a solicitar el indulto o la conmutación de la pena. La amnistía, el indulto o la conmutación de la pena capital podrán ser concedidos en todos los casos.

5. No se impondrá la pena de muerte por delitos cometidos por personas de menos de 18 años de edad, ni se le aplicará a las mujeres en estado de gravidez.

6. Ninguna disposición de este artículo podrá ser invocada por un Estado Parte en el presente Pacto para demorar o impedir la abolición de la pena capital.

Artículo 14:

1. Todas las personas son iguales ante los tribunales y cortes de justicia.

Toda persona tendrá derecho a ser oída públicamente y con las debidas garantías por un tribunal competente, independiente e imparcial, establecido por la ley, en la substanciación de cualquier acusación de carácter penal formulada contra ella o para la determinación de sus derechos u obligaciones de carácter civil. La prensa y el público podrán ser excluídos de la totalidad o parte de los juicios por consideraciones de carácter moral, orden público o seguridad nacional en una sociedad democrática, o cuando lo exija el interés de la vida privada de las partes o, en la medida estrictamente necesaria en opinión del tribunal, cuando por circunstancias especiales del asunto de publicidad pudiera perjudicar a los intereses de la justicia; pero toda sentencia en materia penal o contenciosa será pública, excepto en los casos en que el interés de menores de edad exija lo contrario, o en las actuaciones referentes a pleitos matrimoniales o a la tutela de menores.

2. Toda persona acusada de un delito tiene derecho a que se presuma su inocencia mientras no se pruebe su culpabilidad conforme a ley.

3. Durante el proceso, toda persona acusada de un delito tendrá derecho, en plena igualdad, a las siguientes garantías mínimas:

a) A ser informada sin demora, en un idioma que comprenda y en forma detallada, de la naturaleza y causas de la acusación formulada contra ella.

b) A disponer del tiempo y de los medios adecuados para la preparación de su defensa y a comunicarse con su defensor de su elección.

c) A ser juzgada sin dilaciones indebidas.

d) A hallarse presente en el proceso y a defenderse personalmente o ser asistida por un defensor de su elección; a ser informada, si no tuviere defensor, del derecho que le asiste al tenerlo, y, siempre que el interés de la justicia lo exija, a que se le nombre defensor de oficio, gratuitamente, si careciere de medios suficientes para pagarlo.

e) A interrogar o hacer interrogar a testigos de cargo y a obtener la comparecencia de los testigos de descargo y que éstos sean interrogados en las mismas condiciones que los testigos de cargo.

f) A ser asistida gratuitamente por un intérprete, si no comprende o no habla el idioma empleado en el tribunal.

g) A no ser obligada a declarar contra sí misma ni a confesarse culpable.

4. En el procedimiento aplicable a los menores de edad a efectos penales se tendrá en cuenta esta circunstancia y la importancia de estimular su readaptación social.

5. Toda persona declarada culpable de un delito tendrá derecho a que el fallo condenatorio y la pena que se le haya impuesto sean sometidos a un tribunal superior, conforme a lo prescrito por la ley.

6. Cuando una sentencia condenatoria firme haya sido ulteriormente revocada, o el condenado haya sido indultado por haberse producido o descubierto un hecho plenamente probatorio de la comisión de un error judicial, la persona que haya sufrido una pena como resultado de tal sentencia deberá ser indemnizada, conforme a la ley, a menos que se demuestre que le es imputable en todo o en parte el no haberse revelado oportunamente el hecho desconocido.

7. Nadie podrá ser juzgado ni sancionado por un delito por el cual haya sido ya condenado o absuelto por una sentencia firme de acuerdo con la ley y el procedimiento penal de cada país.

Artículo 15:

1. Nadie será condenado por actos u omisiones que en el momento de cometerse no fueran delictivos según el derecho nacional o internacional. Tampoco se impondrá pena más grave que la aplicable en el momento de la comisión del delito. Si con posterioridad a la comisión del delito la ley dispone la imposición de una pena más leve, el delincuente se beneficiará de ello.

2. Nada de lo dispuesto en este artículo se opondrá al juicio ni a la condena de una persona por actos u omisiones que, en el momento de cometerse, fueran delictivos según principios

generales del derecho reconocidos por la comunidad internacional.

c) Convención Americana sobre Derechos Humanos

Artículo 4: Derecho a la vida

1. Toda persona tiene derecho a que se respete su vida. Este derecho estará protegido por la ley y, en general, a partir del momento de la concepción. Nadie puede ser privado de la vida arbitrariamente.

2. En los países que no han abolido la pena de muerte, ésta sólo podrá imponerse por los delitos más graves, en cumplimiento de sentencia ejecutoriada de tribunal competente y de conformidad con una ley que establezca tal pena, dictada con anterioridad a la comisión del delito. Tampoco se extenderá su aplicación a delitos a los cuales no se la aplique actualmente.

3. No se restablecerá la pena de muerte en los Estados que la han abolido.

4. En ningún caso se puede aplicar la pena de muerte por los delitos políticos ni comunes conexos con los políticos.

5. No se impondrá la pena de muerte a personas que, en el momento de la comisión del delito, tuvieren menos de dieciocho años de edad o más de setenta, ni se le aplicará a las mujeres en estado de gravidez.

6. Toda persona condenada a muerte tiene derecho a solicitar la amnistía, el indulto o la conmutación de la pena, los cuales podrán ser concedidos en todos los casos. No se puede aplicar la pena de muerte mientras la solicitud esté pendiente de decisión ante autoridad competente.

d) Convenios de Ginebra y Protocolos Adicionales:

1. Convenio de Ginebra sobre trato a los prisioneros de guerra del 12 de agosto de 1949 (Convenio número 3)

Artículo 100:

Se informará a los prisioneros de guerra y a las Potencias protectoras, tan pronto como sea posible, de las infracciones punibles con la pena de muerte en virtud de la legislación de la Potencia en cuyo poder estén.

Después, ninguna infracción podrá acarrear la pena de muerte, sin el consentimiento de la Potencia de quien dependan de los prisioneros.

La pena de muerte no podrá ser dictada contra un prisionero más que si ha llamado la atención del tribunal, a tenor del artículo 87, segundo párrafo, especialmente sobre el hecho de que el reo, por no ser ciudadano de la Potencia en cuyo poder esté los prisioneros, no tienen respecto a ella ningún deber de fidelidad, y de que se encuentra en su poder a consecuencia de circunstancias ajenas a su voluntad.

Artículo 101:

Si se dictase la pena de muerte contra un prisionero de guerra, la sentencia no será ejecutada antes de la expiración de un plazo de por lo menos seis meses a partir del momento en que la notificación detallada prevista en el artículo 107 haya llegado a la Potencia protectora en la dirección indicada.

2) Convenio de Ginebra sobre la protección de personas civiles en tiempos de guerra del 12 de agosto de 1949

Artículo 68:

Cuando una persona protegida cometiera una infracción únicamente con el propósito de perjudicar a la Potencia ocupante, pero cuando dicha infracción no implique atentado a la vida o la integridad corporal de los miembros de las fuerzas o de la administración de ocupación, ni cree un peligro colectivo serio o acarree graves daños a los bienes de las fuerzas de la administración de ocupación o de las instalaciones por ellas utilizadas, la persona de que se trate estará expuesta al internamiento o al simple encarcelamiento, entiéndase que la duración del internamiento o encarcelamiento habrá de ser proporcionada a la infracción cometida. Además el internamiento o encarcelamiento serán las únicas medidas con pérdida de libertad que pueden tomarse contra las personas protegidas en relación con tales infracciones. Los tribunales previstos en el artículo 66 del presente Convenio podrán libremente convertir la pena de prisión en internamiento de la misma duración.

Las disposiciones de carácter penal promulgadas por la Potencia ocupante de acuerdo con los artículos 64 y 65 no pueden imponer la pena de muerte a personas protegidas, salvo en los casos en que éstas sean culpables de espionaje, actos graves de sabotaje contra las instalaciones militares de la Potencia ocupante, o infracciones dolosas que causen la muerte de una o varias personas, y a condición de que la legislación del territorio ocupado, vigente antes de la ocupación, aplique la pena capital en casos tales.

No podrá dictarse la pena de muerte contra una persona protegida, más que después de haber llamado la atención del tribunal, en particular, acerca del hecho de que el reo, por no ser súbdito de la Potencia ocupante, no se halla obligado respecto a ella por deber alguno de fidelidad.

En ningún caso podrá dictarse la pena de muerte contra una persona protegida cuya edad fuere de menos de dieciocho años en el momento de la infracción.

Artículo 75:

En ningún caso podrá negarse a los sentenciados a muerte el derecho de pedir de gracia.

No se ejecutará ninguna sentencia de muerte antes de la expiración de un plazo de por lo menos seis meses desde que la Potencia protectora haya recibido la comunicación de la sentencia definitiva, en donde se confirme la condena a muerte o la negativa del indulto.

Este plazo de seis meses podrá ser reducido en ciertos casos concretos, cuando en circunstancias graves y críticas la seguridad de la Potencia ocupante o de sus fuerzas armadas esté expuesta a una amenaza organizada; la Potencia protectora recibirá siempre notificación de la reducción del plazo, y tendrá siempre la posibilidad de dirigir a tiempo protestas a las autoridades ocupantes competentes a propósito de tales condenas a muerte.

3) Los Cuatro Convenios de Ginebra del 12 de agosto de 1949

Artículo 3. Común

En caso de conflicto armado sin carácter internacional y que surja en el territorio de una de las Altas Partes contratantes, cada una de las Partes contendientes tendrá la obligación de aplicar, por lo menos, las disposiciones siguientes:

1. Las personas que no participen directamente en las hostilidades, incluso los miembros de las fuerzas armadas que hayan depuesto las armas y las personas que hayan quedado fuera de combate por enfermedad, herida, detención o por cualquier otra causa, serán en toda circunstancia, tratadas con humanidad, sin distinción alguna de carácter desfavorable, basada en la raza, el color, la religión o las creencias, el sexo, el nacimiento o la fortuna, o cualquier otro criterio análogo.

A tal efecto, están y quedan prohibidos en cualquier tiempo y lugar, respecto de las personas arriba mencionadas:

(...)

d) las condenas dictadas y las ejecuciones efectuadas sin juicio previo emitido por un tribunal regularmente constituido, provisto de las garantías judiciales reconocidas como indispensables por los pueblos civilizados.

4) Protocolo adicional de Convenios de Ginebra del 12 de agosto de 1949 relativo a la protección de las víctimas de los conflictos armados internacionales. (Protocolo I)

Artículo 76. Protección de las Mujeres

(...)

3. En toda la medida de lo posible, las Partes en conflicto procurarán evitar la imposición de la pena de muerte a las mujeres encintas o a las madres con niños de corta edad a su cargo por delitos relacionados con el conflicto armado. No se ejecutará la pena de muerte impuesta a esas mujeres por tales delitos.

Artículo 77. Protección de los niños

(...)

5. No se ejecutará la pena de muerte impuesta por una infracción cometida en relación con el conflicto armado a personas que, en el momento de la infracción, fuesen menores de dieciocho años.

5) Protocolo adicional a los Convenios de Ginebra del 12 de agosto de 1949 relativo a la protección de las víctimas de los conflictos armados sin carácter internacional. (Protocolo II)

Artículo 6. Diligencias penales

(...)

4. No se dictará la pena de muerte contra las personas que tuvieren menos de dieciocho años de edad en el momento de la infracción ni se ejecutará en las mujeres encintas ni en las madres de niños de corta edad.

e) Comentario general sobre el artículo 6 del Pacto Internacional de Derechos Civiles y Políticos, aprobado en su reunión 378 (16 periodo de sesiones) el 27 de julio de 1982 por el Comité de Derechos Humanos, establecido en virtud del Pacto Internacional de Derechos Civiles y Políticos

1. Todos los informes de los Estados Partes se han ocupado del derecho a la vida enunciado en el artículo 6 del Pacto. Se trata del derecho supremo respecto del cual no se permite suspensión alguna, ni siquiera en situaciones excepcionales que pongan en peligro la vida de la nación (artículo 4). (...) Se trata de un derecho que no debe interpretarse en forma excesivamente restrictiva.

(...)

6. Si bien de los párrafos 2 a 6 del artículo 6 se desprende que los Estados partes no están obligados a abolir totalmente la pena de muerte, dichos Estados se encuentran obligados a limitar su uso y, en particular, a abolirla como castigo de los delitos que no sean de "los más graves".

Por consiguiente, deberían considerar la posibilidad de modificar sus normas de derecho penal a la luz de esta disposición y, en todo caso, están obligados a restringir la aplicación de la pena de muerte a "los más graves delitos". este artículo se refiere también en forma general a la abolición en términos que denotan claramente (párrafos 2 y 6 del artículo 6) que ésta es de desear. El Comité llega por lo tanto a la conclusión de que todas las medidas encaminadas a la abolición deben ser consideradas un avance en el disfrute del derecho a la vida de conformidad con el significado del artículo 40, y que, por lo tanto, deben ser comunicadas al Comité. El Comité observa que cierto número de Estados ya han abolido la pena de muerte o han suspendido su aplicación. Sin embargo, los informes de los Estados muestran que el progreso realizado hacia la abolición o limitación de la aplicación de la pena de muerte es totalmente inadecuado.

7. En opinión del Comité, la expresión "los más graves delitos" debe ser interpretada en forma restrictiva en el sentido de que la pena de muerte debe constituir una medida sumamente excepcional. De los términos expresos del artículo 6 se desprende también que la pena de muerte solamente puede imponerse de conformidad con el derecho vigente en el momento en que se haya cometido el delito y que no sea contrario al Pacto.

Deben observarse las garantías de procedimiento que se prescriben en él, incluído el derecho de la persona a ser oída públicamente por un tribunal independeinte, a que se presuma su inocencia y a gozar de las garantías mínimasen cuanto a su defensa y al derecho de apelación ante un tribunal superior. Estos derechos son aplicables sin perjuicio del derecho particular de procurar un indulto o la conmutación de la pena.

f) Salvaguardias para garantizar la protección de los derechos de los condenados a la pena de muerte, adoptadas por el Consejo Económico y Social de las Naciones Unidas por medio de su Resolución 1984/50 el 25 de mayo de 1984, en su periódo de sesiones y respaldadas por la Resolución 39/118 de la Asamblea General de las Naciones Unidas, adoptada sin votación el 14 de diciembre de 1984

1. En los países que no la hayan abolido, la pena de muerte sólo podrá imponerse como sanción para los delitos más graves, entendiéndose que su alcance se limitará a los delitos intencionales que tengan consecuencias fatales u otras consecuencias extremadamente graves.

2. La pena capital sólo podrá imponerse por un delito para el que la ley estipulara la pena de muerte en el momento en que fue cometido, quedando entendido que si, con posterioridad a la comisión del delito, la ley estableciera una pena menor, el delincuente se beneficiará con el cambio.

3. No serán condenados a muerte los menores de 18 años en el momento de cometer el delito, ni se ejecutará la sentencia de muerte en el caso de muejeres embarazadas o que hayan dado a luz recientemente, ni cuando se trate de personas que hayan perdido la razón.

4. Sólo se podrá imponer la pena capital cuando la culpabilidad del acusado se base en pruebas claras y convincentes,

sin que quepa la posibilidad de una explicación diferente de los hechos.

5. Sólo podrá ejecutarse la pena capital de conformidad con una sentencia definitiva dictada por un tribunal competente, tras un proceso jurídico que ofrezca todas las garantías posibles para asegurar un juicio justo, equiparables como mínimo a las que figuran en el artículo 14 del Pacto Internacional de Derechos Civiles y Políticos, incluído el derecho de todo sospechoso o acusado de un delito sancionable con la pena capital a la asistencia letrada adecuada en todas l;as etapas del proceso.

6. Toda persona condenada a muerte tendrá derecho a apelar ante un tribunal de jurisdicción superior, y deberán tomarse medidas para garantizar que esas apelaciones sean obligatorias.

7. Toda persona condenada a muertetendrá derecho a solicitar el indulto o la conmutación de la pena; en todos los casos de pena capital se podrá conceder el indulto o la conmutación de la pena.

8. No se ejecutará la pena capital mientras estén pendientes algunos procedimientos de apelación u otros procedimientos de recurso o relacionados con el indulto o la conmutación de la pena.

9. Cuando se aplique la pena capital, su ejecución se hará de forma que se cause el menor sufrimiento posible.

g) Protocolo No 6 del Convenio Europeo para la Protección de los Derechos Humanos, referentes a la abolición de la pena de muerte.

Los Estados miembros del Consejo de Europa, signatarios del Presente Protocolo al Convenio para la protección de los derechos humanos y de las libertades fundamentales, firmado en Roma el 4 de noviembre de 1950 (denominado en adelante "el Convenio",

Considerando que el desarrollo alcanzado en varios Estados miembros del Consejo de Europa se manifiesta por una tendencia general en favor de la abolición de la pena de muerte;

Ha convenido lo siguiente:

Artículo 1:

Queda abolida la pena de muerte. Nadie podrá ser condenado a tal pena ni ejecutado.

Artículo 2:

Un estado podrá imponer con arreglo a su legislación la pena de muerte por actos cometidos en tiempos de guerra o de peligro inminente de guerra; tal pena no será aplicada más que en los casos previstos por la ley y conforme a sus disposiciones. Dicho Estado comunicará al Secretario General del Consejo de Europa las disposiciones correspondientes de la citada legislación.

Artículo 3:

No se autorizará ninguna derogación a las disposiciones del presente Protocolo al amparo del artículo 15 del Convenio.

Artículo 4:

No se admitirá ninguna reserva a las disposiciones del presente Protocolo formulada en virtud del artículo 64 del Convenio.

Artículo 5:

1. Cualquier Estado podrá, en el momento de la firma o del depósito de su instrumento de ratificación, aceptación o aprobación, designar el o los territorios a los que se aplicará el presente Protocolo.

2. Todo Estado podrá, en cualquier momento sucesivo, extender, mediante la declaración dirigida al Secretario General del Consejo de Europa, la aplicación del presente Protocolo a cualquier otro territorio desginado al efecto en dicha declaración. El Protocolo entrará en vigor con respecto a este territorio el primer día del mes siguiente a la fecha en la que el Secretario General haya recibido la citada declaración.

3. Toda declaración hecha en virtud de los párrafos precedentes podrá, respecto a cualquier territorio designado en la misma, ser retirada mediante notificación dirigido al Secretario General. La retirada tendrá efecto a partir del primer día del mes siguiente a la fecha en la que el Secretario General haya recibido la notificación.

Artículo 6:

Los Estados Partes considerarán los artículos 1 al 5 del presente Protocolo como artículos adicionales al Convenio y serán aplicables, en consecuencia, todas las disposiciones del Convenio.

Artículo 7:

El presente Protocolo está abierto a la firma de los Estados miembros del Consejo de Europa, signatarios del Convenio. Será sometido a ratificación, aceptación o aprobación. Un Estado miembro del Consejo de Europa no podrá ratificar, aceptar o aprobar el presente Protocolo sin haber ratificado simultánea o anteriormente el Convenio. Los instrumentos de ratificación, aceptación o aprobación serán depositados ante el Secretario General del Consejo de Europa.

Artículo 8:

1. El presente Protocolo entrará en vigor el primer día del mes siguiente a la fecha en la que cinco Estados miembros del Consejo de Europa hayan expresado su consentimiento a vincularse por el Protocolo conforme a las disposiciones del artículo 7.

2. Para cualquier Estado miembro que exprese ulteriormente su consentimiento a vincularse por el Protocolo. éste entrará en vigor el primer día del mes siguiente a la fecha del depósito del instrumento de ratificación, aceptación o aprobación.

Artículo 9:

El Secretario General del Consejo de Europa notificará a los Estados miembros del Consejo:

a) Toda firma;

b) El depósito de todo instrumento de ratificación, aceptación o aprobación;

c) Toda fecha de entrada en vigor del presente Protocolo conforme a sus artículos 5 y 8;

d) Cualquier otro acto, notofocación o comunicación en relación con el Presente Protocolo.

h) Resolución 32/61 de la Asamblea General de las Naciones Unidas, de 8 de diciembre de 1977

La pena capital

La Asamblea General,

Teniendo en cuenta el artículo 3 de la Declaración Universal de Derechos Humanos, en el que se afirma el derecho de todo individuo a la vida, y el artículo 6 del Pacto Internacional de Derechos Civiles y Políticos, en el que también se afirma el derecho a la vida como inherente a la persona humana,

(...)

1. Reafirma que, de conformidad con lo establecido en la resolución 2857 (XXVI) de la Asamblea General y en las resoluciones 1574 (L), 1745 (LIV) y 1930 (LVIII) del Consejo Económico y Social, el principal objetivo que debe buscarse en relación con la pena de muerte es restringir progresivamente el número de delitos por razón de los cuales pueda imponerse la pena capital, con miras a la conveniencia de abolir esa pena;
(...)

i) Resolución 35/172 de la Asamblea General de las Naciones Unidas, adoptada sin votación el 15 de diciembre de 1980. Ejecuciones arbitrarias y sumarias

Ejecuciones arbitrarias o sumarias

La Asamblea General,

Teniendo presentes las disposiciones realitvas a la pena capital contenidas en el Pacto Internacional de Derechos Civiles y Políticos, particularmente en sus artículos 6, 14 y 15,

Recordando su resolución 2393 (XXIII) del 26 de noviembre de 1968, en que se invitó a los gobiernos de los Estados Miembros, entre otras cosas, a que asegurasen los procedimientos legales más estrictos y las mayores garantías posibles a los acusados en casos de pena capital en los países donde existía la pena de muerte,

Alarmada por la frecuencia con que se producen, en diferentes partes del mundo, ejecuciones sumarias y ejecuciones arbitrarias,

Preocupada por casos de ejecuciones que, según opinión muy generalizada, obedecen a motivos políticos,

1. Insta a los Estados Miembros interesados a que:

a) Respeten como normna mínima el contenido de las disposiciones de los artículos 6, 14 y 15 del Pacto Internacional de Derechos Civiles y Políticos y, cuando sea necesario, revisen sus reglamentaciones y prácticas jurídicas a fin de garantizar los procedimientos legales más estrictos y las mayores garantías posibles a los acusados en casos de pena capital;

b) Examinen la posibilidad de que sea automático el procedimiento de apelación, cuando exista, en casos de sentencia de muerte y, que también lo sea la consideración de la amnistía, el indulto o la conmutación de la pena en esos casos;

c) Dispongan que no se ejecute ninguna sentencia de muerte hasta que hayan acabado los procedimientos de apelación o indulto y, que en cualquier caso, hasta que haya transcurrido un plazo razonable después de haberse dictado la sentencia en el tribunal de primera instancia;

2. Pide al Secretario General que haga todo lo que esté a su alcance en casos en que parezca no haberse respetado la norma mínima de garantías jurídicas a que se hace referencia en el párrafo 1 supra;

3. Pide además al Secretario General que solicite de los Estados Miembros, los roganismos especializados, las organizaciones intergubernamentales regionales y las organizaciones no gubernamentales interesadas reconocidas como entidades consultivas por el Consejo Económico y Social, opiniones y observaciones acerca del problema de las ejecuciones arbitrarias y las ejecuciones sumarias, y que informe al Comité de Prevención del Delito y Lucha contra la Delincuencia en su séptimo periodo de sesiones.

1.3.7. La pena de muerte

La pena de muerte o pena capital, es una condena de tipo penal que consiste en quitarle la vida a una persona que ha sido declarada culpable mediante sentencia y después de un proceso judicial donde ha sido probada su culpabilidad en aplicación de las leyes vigentes de un país.

Antiguamente se ejecutaba la pena de muerte como sanción por los hechos cometidos, pero con previo sufrimiento de este, acompañado de varias torturas. En la actualidad lo concebimos como la sanción de privación de la vida.

A través de los tiempos dicha pena fue cambiando en su modo de aplicación, aunque en algunos estados de Estados Unidos de América y en otros países donde aun se aplica la pena capital, se dan a través de medios de sufrimiento y mutilación de sus habilidades a los condenados.

Los métodos de tortura usados antiguamente tenían dos tendencias claramente perceptibles:

1. La tortura que se practicaba cada vez más sobre una base científica. Junto a los brutales malos tratos físicos y mutilaciones, adquiriendo cada vez más, mayor importancia los métodos como el electrochoque.

2. La evolución fomentada por in intercambio de experiencias que incluyen la formación de los torturadores. Planteándose las siguientes preguntas: qué clase de hombres pueden ser los verdugos (torturadores), son personas con grados de la policía, ejército o servicios secretos?;

Se ha discutido dicho tema desde el punto de vista a favor y en contra, tomando en cuenta los aspectos filosóficos y políticos de este. Es necesario hacer mención que existen dos lados a contradecirse en la pena de muerte, los cuales son: la irreparabilidad de esta sanción: contra, la posibilidad de un error judicial cometido en contra de un ser vivo. Dicho tema sufre un combate a raíz de lo que sostenía el marqués César Beccaria en su libro Dei Delitti e Delle Pene (De los Delitos y de las penas, traducción de Pascual Vincent), por lo que a continuación se realizara un estudio acerca de las diferentes teorías de la escuela clásica y positiva involucradas en dicho tema, tanto a favor, como en contra de dicha pena.

En las Teorías Utilitarias, la pena de muerte es admitida por todas.

Mientras que en las Teorías Morales, la pena capital es admitida por tres de ellas: la de la retribución, transformación y la anti abolicionista (afirmativa). Y es negada por la del contrato y la abolicionista. En forma general, las teorías que no aceptan la implantación de dicha pena, sostienen que es debido a la irreparabilidad, de dicha pena, acompañado de la falta de corrección, de popularidad y poca ejemplaridad de esta.

Las teorías que se encuentran a favor de la pena de muerte (retribución, transformación y anti abolicionista) resaltan los simples componentes de la sociedad en el momento de ejercer su derecho en contra de quienes entran a nuestras casas a robar y sin ningún inconveniente de matar, por lo que en dichos actos ilícitos si se posee la facultad de matar a estos que han irrumpido la tranquilidad social, tomando en cuenta que en la antigüedad no se buscaba con anhelo la defensa de dicha pena, por lo que aparece Santo Tomas, quien sostuvo la necesidad de velar por los suyos, diciendo que si dentro de una sociedad existen miembros podridos que afectan el orden social había que cortar dicho miembro.

Los juristas Eugenio Cuello Calón y Luis Jiménez de Asúa en España, Pelayo Casanova y J. Raimundo del Río en América Latina, aceptan la pena de muerte, aunque los dos primeros solo la admiten en casos de suma necesidad, en el cual la sociedad se encuentra en estado de defensa, estableciendo dentro de la misma ley en los casos en que se aplicara la pena, (que serán los de suma gravedad).

La teoría afirmativa (anti abolicionista), defendida por Santo Tomás de Aquino afirma que es necesario eliminar el miembro enfermo de la sociedad para no contaminar al resto de esta. Colocándose así a favor de la pena de muerte en su aplicación. Y más o menos en términos actuales, defiende estos postulados:

- Si el delincuente ha cometido un delito es justo que nosotros podamos defendernos de este, por lo que el Estado tendrá el derecho de quitar la vida de éste.

- Es el procedimiento por excelencia que eliminar en un cien por ciento la delincuencia.

- Si el se ha dedicado a matar porque no la sociedad no podrá exigir que este muera.

- Debido a la necesidad de mantener la salud del cuerpo social es necesario cortar o acabar de una vez con los miembros que ya no se podrán reformar

Mientras que las Teorías contrarias a la Pena de muerte se fundamentan en lo siguiente:

- Teoría Correccional: Dice que el delincuente es un hombre con el alma enferma, el cual a través del tiempo podrá curarse dentro de una celda y llegar al arrepentimiento total. Para muchos estudiosos esta doctrina es un absurdo, y afirman que para delinquir no es necesario tener el alma enferma y según Jiménez de Asúa dicha teoría es de carácter romántico que únicamente cabe dentro de las personas extremadamente buenas y con demasiada bondad.

- Teoría Del Contrato: Los seguidores de dicha teoría no aceptan la pena de muerte, pero en la forma que la concibió el italiano Beccaria, ya que los seguidores de dicha teoría la llegaron a aceptar tiempos después, tratando de dar a entender que la pena de muerte no es reparable al igual que otras penas existentes, por lo que hace necesario llevar a cabo la abolición de dichas penas que no poseen ningún carácter progresista ni dignas de demostrar superioridad en cuanto a principios.

- Teoría Abolicionista: Surge con la tesis abolicionista, tomando énfasis en San Agustín, San Bernardo y Escoto. Afirman que por malo que fuera una persona, serviría mas a la sociedad vivo que muerto. Toma validez con el libro del italiano Beccaria, destacándose Voltaire con su frase Un ahorcado no vale para nada y Sonenfels, tratando de justificar dichos preceptos basándose en el Antiguo testamento publicado en su obra "Cartas Filosóficas".

Se podría decir que el principal abolicionista de este tema ha sido Carlos David Augusto Roeder, jurisconsulto y filósofo alemán y penalista, que sostiene también la falta de ejemplaridad de la pena de muerte, con lo cual hasta los anti abolicionistas se demuestran de acuerdo, ya que en lugar de contribuir al debilitamiento de la delincuencia, aumentan las tendencias morbosas que hacen atractivo el delito, comprobado a través de estadísticas realizadas en los diversos países, las cuales aseguran que el hecho de realizar públicamente las ejecuciones llega a producir una impresión de terror y desmoralizadora para las familias. Pero dentro de las mismas teorías existen ciertas contradicciones como la de Gorón que cree que si la sociedad es la que incrimina al delincuente, esta debe de presenciarla públicamente sin proporcionarle a este ningún privilegio que gozaría cualquier otra persona, ya que según su experiencia, cuenta que en los diversos países que los destinados y declarados a pena de muerte gozan de privilegios en la misma cárcel días antes de efectuar la pena (no ser molestados y perturbados, no cualquiera puede presenciar su muerte, etc.).

Los principales postulados de la teoría abolicionista en contra de la pena de muerte se sustentan en lo siguiente:

- De orden moral: Constituye un acto que va en contra de la justicia humana, contrario a los principios de la sociedad, corrompiendo la solidaridad de la misma. Afecta la inviolabilidad de la vida propia a la cual el Estado no tiene el derecho de privarla si él no la ha otorgado. Se opone a la conciencia colectiva, debido a que afecta a toda una nación.

- De orden jurídico: Tomando en cuenta el aspecto preventivo, se limita de eficacia al momento de intimidar al público, ya que se ha comprobado que ni en los lugares donde se práctica han disminuido los delitos y tampoco donde se ha ido disminuyendo. Solo constituye un riesgo o reto para los delincuentes, por lo que entre los mismos se tiende a idolatrar más a los que no han sido juzgados por la justicia. Su mensaje es desmoralizador y lo único que refleja al delincuente es una imagen de valiente. Su implantación hace que el poder de la policía disminuya.

- Aspecto represivo: En el caso de la pena de muerte, no se repara un error como en las demás penas aplicadas. Debido a la falta de proporción y determinación no puede ser justa o igual al mal causado por el delincuente. No cumple con el fin correccional, ya que solo se va por la vía fácil de matar y no de corregir al reo (fin de la pena).

La Escuela Positiva por otro lado, posee un sin número de seguidores anti abolicionistas, dentro de los cuales, se encuentran Lombroso, Ferri Y Garofalo. Lombroso es partidario de la pena de muerte, pero en su obra escrita "Los Anarquistas", acepta que dicha pena no posee el carácter de intimidatorio en determinados casos, pero siempre sigue siendo anti abolicionista. Por su lado Ferri antiguamente no admitía la pena de muerte pero a través de sus estudios y nuevos conocimientos determino que "así como muere el hombre que no tiene condiciones de vida, debe eliminarse al criminal que carece de sentimientos altruistas con la muerte, si es reo nato y con manicomio si es un enfermo" Ferri también admite dicha pena en el parricidio, regicidio, asesinato y otros delitos que atacan la integridad corporal. Y Garofalo, se sitúa más a la realidad que se vive actualmente, demostrando que la pena de muerte es la forma más adecuada para seleccionar a los miembros de la sociedad, eliminando así a los antisociales e inadaptables. Garofalo dice que dentro de las mismas cárceles se dan privilegios para los reos, y que de nada sirve tener vivo a un animal, por lo que hay que eliminarlo. Beccaria, Roeder, Carrara, Pessina, Mittermaier, Prins Y Dorado Montero: (tratadistas Italianos y españoles) sostienen que los que luchan por quitar la pena de muerte no so más que personas que solo velan por el reo, olvidándose de los sufrimientos de los verdaderos integrantes de la sociedad.

Por otro lado la Teoría Ecléctica, surge de los estudios de Enrico Ferri, quien fue un político, criminólogo y sociólogo italiano y además estudiante de Cesare Lombroso. Mientras que Lombroso investigó los factores fisiológicos que motivaban a los criminales, Ferri investigó los factores sociales y económicos. Ferri y otros estudiosos opinan que la pena de muerte puede ser aplicada en circunstancias de descomposición social, constituyendo un acto de legítima defensa, a través del poder público, de forma de necesaria.

Forman parte de la teoría Ecléctica, las sub teorías Absolutas, Relativas y Mixtas. Las Absolutas, afirman que la Pena se justifica a sí misa pero no es un medio para otros fines.

Las Relativas, dicen que la pena es un medio para obtener fines ulteriores, y se divide en la que trata de la prevención general, quiere decir, la pena será entendida con un propósito de prevención para los demás: y, la de prevención especial, cuando se impone y surte efecto en el delincuente.

Finalmente están las teorías mixtas que respaldan la prevención general mediante la retribución justa.

Por otro lado existen argumentos que resumen las distintas teorías que se han destacado a lo largo de la historia, de las opiniones pasadas y modernas más importantes.

El argumento de Seguridad Colectiva, se ha ido acoplando hasta nuestros días, sosteniendo que para que exista la seguridad de los ciudadanos, es necesario eliminar a los delincuentes, considerando la pena capital como el castigo justo para los hombres malos

El argumento de la intimidación es uno de los preferidos de los seguidores del máximo castigo, con el fin de darle una eficacia intimidante a los que cometen los delitos más sanguinarios, el fin es poner freno en el corazón del homicida, del que abusa con fuerza, recordando así la famosa frase al tratado de Von Liszt: "es preciso amenazarle con la pérdida de lo que más estima y más abusa, de la fuerza en su suprema síntesis: la vida".

Finalmente el argumento de la retribución, sostiene que no se puede aplicar la ley del Talión (ojo por ojo, diente por diente), debido a que de ser así que pena le aplicarán a los autores de rebelión, una bigamia o de una violación de sepulturas, con esta exposición dan a conocer que la pena capital no es objeto de ejemplo para el pueblo y no contiene ninguna retribución para los ofendidos, ya que muerto o no el delincuente, sus acciones ya están hechas.

1.3.8. Objetivo y fin de la pena de muerte

Los estudiosos del tema y los autores de las escuelas y teorías sobre la pena de muerte, coinciden en señalar que el objetivo y fin de la pena de Muerte es evitar que el delincuente que cometió un acto brutal no lo vuelva a cometer, sin embargo, se convierte en todo un reto por parte de los peores delincuentes que ven la Pena de Muerte como un Rival con quien Pelear.

Al mismo tiempo este castigo tiende a reprimir la conducta antisocial, con la cual se presenta la justificación de la pena, dando dos hipótesis: la primera es que la pena de muerte tiene un fin específico se aplica quia peccatum est (a quien está pecando): y, la segunda se considera en forma casuística, como medio para la consecución de fines determinados en peccetur (para que nadie peque). Estos supuestos originar una hipótesis más, la cual es la tesis ecléctica, conocidas como las teorías Absolutas, las Relativas y las Mixtas, que ya han sido mencionadas.

Actualmente, la pena de muerte a perdido el carácter rehabilitador y resocializador que tiene como fin las demás penas, por lo que es considerado como una pero no única de las salidas a los deficientes sistemas penitenciarios y a la a veces injusta administración de justicia, llegando a la conclusión de que es la venganza lo que impulsa tanto al gobierno como al pueblo a sostener dicho castigo.

1.3.9. Protección de los derechos de los condenados a la pena de muerte y situación y responsabilidad de las personas que participan en una ejecución

A la luz de la normatividad internacional, existen varios puntos que son necesarios de mencionar en cuanto los condenados por esta pena:

a) Se entiende y establece con claridad que dicha pena solo se aplicará en los delitos más graves, donde haya consecuencias fatales y extremadamente irreparables.

b) Su aplicación deberá surgir de una debida tipificación del delito.

c) No serán condenados con pena de muerte menores de 18 años, mujeres embarazadas o que hayan dado a luz recientemente ni a los que hayan perdido la razón

d) Se aplicará la pena de muerte si se ha determinado la culpabilidad del acusado con pruebas claras y convincentes, ofreciéndole al acusado todas las garantías para asegurar un juicio justo.

e) La persona condenada a muerte tendrá derecho a apelar ante un tribunal de jurisdicción superior.

f) Tiene derecho a solicitar el indulto o conmutación de la pena y en todos los casos este puede ser concedido.

g) No se puede ejecutar la pena capital cuando esté pendiente algún procedimiento de apelación o aquellos relacionados con el indulto o conmutación de la pena.

h) La aplicación de la pena capital se hará tratando de evitar el sufrimiento de la víctima.

Con relación a las personas que participan en la ejecución de la pena capital más conocidos como los Verdugos, es posible pensar que si ha aplicado la pena de muerte puede ser considerado como un asesino privador de la vida, al igual que al que está ejecutando, la situación más difícil de poder comprender en un Estado donde se aplica la pena de Muerte es cuando se hace para el verdugo una acción trivial el matar, ya que tras haber acabado con la vida de los acusados en sentencia, se habitúa, creándose así una costumbre y falta de razonamiento en el caso de un error judicial.

Esta situación ha sido y es estudiada por profesionales de la salud a través de entrevistas y pruebas a los verdugos, con resultados diferentes que al final no han llevado a conclusiones únicas.

De acuerdo a las posiciones en contra y a favor de la pena de muerte, podemos concluir objetivamente en lo siguiente:

Ventajas:

- Al aplicarla se intimida al resto de criminales
- Logra conmover realmente al acusado, momentos antes de ser
ejecutados
- Se evita la superpoblación de las cárceles
- Se disminuye la delincuencia
- Es de ejemplo para el pueblo de que el gobierno y la justicia están trabajando.
- Es aplicada a personas que no deberian respetarseles sus derechos humanos, debido a la peligrosidad de sus actos.

Desventajas:

- Lo que hace es que los delincuentes tengan más cautela al cometer los delitos.
- El fin de la justicia es de recuperar y reformar a los delincuentes no de lograr un arrepentimiento y luego eliminarlos.
- En cuanto que lo correcto sería crear más centros de corrección y cárceles, para una mejor función del sistema penitenciario. Y no buscar una salida fácil por el mal sistema sino crear un buen sistema.
- Se ha comprobado a través de las estadísticas que ha aumentado en gran número
- Es ejemplo para poco a poco perder el respeto a la vida humana

- Se asume que toda persona en base a la ley tiene Derechos Humanos como persones que se es.

CAPITULO II
HACIA LA CONSTRUCCIÓN DE UNA NUEVA VISIÓN DE LOS DERECHOS HUMANOS PARA EL NUEVO MILENIO

II. HACIA LA CONSTRUCCION DE UNA NUEVA VISION DE LOS DERECHOS HUMANOS PARA EL NUEVO MILENIO

La validez de una nueva visión de los derechos humanos cobra mayor fuerza cada vez que las sociedades se detienen a repensar su papel y responsabilidad frente a una población que día a día incrementa y afina estrategias para la permanente vulneración de los Derechos Humanos. De ahí la importancia de repensar la función de las sociedades en términos de la defensa, promoción y protección de los Derechos Humanos, con miras a un nuevo milenio y hacia una nueva concepción de los derechos humanos.

La importancia de construir una sociedad mejor con valores más sólidos y profundos es incuestionable hoy. El mundo está necesitando de profesionales, estudiantes, mujeres, hombres, niños, ancianos que favorezcan la armonía, la solidaridad y el compromiso en las relaciones personales. Es en este ámbito en donde las organizaciones e instituciones sociales deben cumplir un papel importante para conseguir los consensos que dirijan a la construcción de una sociedad pacífica.

El objetivo central de la construcción de una nueva visión de los derechos humanos para el nuevo milenio es, formar personas bajo principios del respeto por la vida, la dignidad de la persona, la formación de valores éticos, la igualdad de todos los seres humanos ante la ley, el conocimiento de los lineamientos constitucionales y legales sobre la defensa, promoción y protección de los Derechos Humanos, en el diálogo y la tolerancia. Buscando consolidar un espacio de expresión y reflexión que siga construyendo una sociedad en donde primen la convivencia y la fraternidad.

Los derechos humanos se debe de desarrollar desde el punto de vista de la práctica diaria por todos los seres humanos, la vivencia de los Derechos Humanos debe ir a la par de su fundamentación filosófica, su concepción jurídica o su evolución histórica. Se trata, de un proceso de formación de actitudes que, requiere de ingredientes cognoscitivos, afectivos y de manifestaciones conductuales. Debe efectuarse un cambio de enfoque de los derechos humanos, que promueva y fortalezca su ejercicio pleno, que lleve a una nueva forma de ver o hacer las cosas.

La construcción de una nueva visión de los derechos humanos para el nuevo milenio, debe señalar las actitudes y conocimientos que hay que desarrollar. Una actitud de aceptación frente a personas de distinta raza, religión, cultura y nacionalidad, que contemple el reconocimiento de que los Derechos Humanos básicos son iguales a todos. Una actitud de tolerancia de las discrepancias en las convicciones, hábitos y sistemas sociales, económicos y políticos. Una actitud que aprecie los aportes de los otros pueblos a aspectos importantes de la civilización; el interés por el arte de otras culturas, y el reconocimiento de su valor, con la capacidad de apreciarlo; y, una actitud capaz y abierta para examinar cuestiones de diversa índole desde el punto de vista de los demás; de "ponerse en el lugar" de los otros.

Se debe de reafirmar la disposición a formarse una idea general acerca de otros pueblos y una opinión acerca de las personas basándose más en la realidad de los hechos que en los prejuicios y en las ideas estereotipadas; debemos abrirnos más al deseo de cooperar para eliminar sufrimientos, respetando los Derechos Humanos y tratar de mantener la paz, incluso sacrificando nuestra vida. Debemos de encontrar un

conocimiento y una comprensión de los demás pueblos y países, de la raza humana, y de las condiciones de la sociedad actual, y hacerlos útiles y adecuados para fomentar todas aquellas actitudes que nos hagan a los seres humanos menos imperfectos.

Para lograr estos fines, se requiere un contexto de las sociedades que presenten un conocimiento totalmente anti dogmático en especial de los mismos Derechos Humanos, que se traduce en un permanente análisis, reflexión y crítica; y, una irrestricta libertad de expresión pública del pensamiento, de las críticas y contra críticas que se elaboren con relación a los principales problemas de derechos humanos que se presenten en las sociedades, como características básicas.

La incorporación de conocimientos referentes a los Derechos Humanos tiene sentido cuando van acompañados de una práctica coherente, que se debe reflejar en una sensibilidad y una visión amplia de los problemas de las sociedades tanto colectivos como individuales.

Hay algunas condiciones que deben de cumplirse para llegar a vivir pensando a diario en que todas las cosas que hacemos las hacemos en función de los derechos humanos. Entre estas condiciones se nos ocurren aquellas que no necesitan mayor esfuerzo que la voluntad de cada persona.

Una de las condiciones es el de la participación. Una participación activa, que es la que tenemos todas las personas que ejecutamos una actividad, implica menor compromiso personal y sin ella sería prácticamente imposible la vida en la sociedad. Una participación consultiva, en la cual las personas somos tomados en cuenta por quienes deben asumir las decisiones, como una forma de consulta, de encuesta, entre quienes serán afectados por la decisión, se recaban opiniones, deseos, aspiraciones o necesidades para que la decisión adoptada sea menos conflictiva; y, una participación decisoria, en la que las personas que estamos involucradas tomamos decisiones en nuestro carácter de personas comprometidas con las consecuencias de la resolución que se pone en práctica. Si no hay participación de todos, no podremos alcanzar al ideal de respeto a los derechos humanos.

Otra condición es la práctica de la disensión; existe una deficiente interpretación del estilo de vida democrático cuando se piensa que únicamente el criterio de la mayoría es el correcto o válido. Es importante que se puedan discutir ampliamente las características de las alternativas que se presentan, sin temor los diferentes puntos de vista. No podemos tomar decisiones directamente sin antes saber que piensan los demás, no solamente hablando de una sociedad sino de los grupos donde una persona realiza sus actividades.

Otra condición es el desarrollo del pensamiento ya que se cree que el "razonamiento" fuera la única forma de pensamiento y se cree que las demás se darán por añadidura, debemos de desarrollar un ejercicio de investigación, de reflexión y crítica, que nos permita vivir pensando en cómo piensan los demás y ser sensibles con los otros.

La práctica de los Derechos Humanos debe hacerse a partir de la realidad concreta en la que estén inmersos los participantes del proceso del cambio social. La vivencia cotidiana y la práctica diaria de los derechos humanos es la referencia a las relaciones reales que se debe establecer la que permitirá la formación de las actitudes deseadas. El punto coincidente entre los académicos de América Latina en derechos humanos, está en la necesidad de educación en derechos humanos a todos los sectores sociales, al margen de su actividad permanente.

Sobre el Término "derechos humanos". Hablar de derechos humanos es visto, en diferentes sectores de las sociedades, como sinónimo de comunismo, de identificación con grupos socialistas, de grupos de izquierda o de defensa de los delincuentes. Tal percepción se origina por las actuaciones de los gobiernos por desprestigiar a las instituciones de derechos humanos y, aunque la siguiente no sea una razón aceptada por todos, también se originan por la actitud de algunas organizaciones no gubernamentales de derechos humanos que utilizaron el trabajo de los derechos humanos para favorecer a ciertos sectores políticos, en su mayoría de los tradicionales llamados de izquierda. De allí que se cree que los partidos políticos de izquierda o sus militantes o simpatizantes son los únicos propietarios del discurso en favor de los derechos humanos.

Una nueva visión de los derechos humanos para el nuevo milenio significa trabajar en varios frentes:

1.   Revalorización de los derechos humanos

2.   Sensibilización de las sociedades a las violaciones de los derechos humanos

3.   Apoderamiento de las sociedades de la defensa de los derechos humanos.

2.1. REVALORIZACIÓN DE LOS DERECHOS HUMANOS

Decíamos que el término de "derechos humanos" ha caído en desprestigio por diversos factores. Quienes se dedican a trabajar en el campo de los derechos humanos, desde la academia o desde el campo, por lo general son sujetos de falsas acusaciones que van desde posiciones ideológicas extremistas hasta de ser fanáticos por una causa que sólo favorece a los sectores sociales que viven al margen de la ley.

Los "derechos humanos", deben de ser concebidos desde una perspectiva humanista que nos invite a pensar y reflexionar sobre la misión de la persona para con su prójimo. Una revalorización de los "derechos humanos", que nos lleve a seguir trabajando en favor de los sectores sociales que sufren miseria, injusticias, atropello, discriminación; sectores, que se ven privados de vivir en Dignidad bajo los principios de libertad e igualdad.

Diferentes sectores de las sociedades acusan de que en nombre de los "derechos humanos" los activistas y académicos lucran con el dolor de otros; acusan, que bajo los "derechos humanos" se esconden personas extremistas que son capaces de hacer desestabilizar a los Estados.

Una tarea crucial para desarrollar en el nuevo milenio es trabajar en la objetividad de desarrollo de los derechos humanos. No se trata de demostrar a los sectores sociales reacios a los derechos humanos que están equivocados y dar cátedra y foros donde se explique lo que significa trabajar en los derechos humanos, sino de lo que se trata, es de trabajar en una sensibilización que haga entender que los derechos humanos además de velar por las libertades individuales defiende principios de la economía de las sociedades, derechos como el de la propiedad privada, temas sociales como el de la seguridad social y, a temas más nuevos como el derecho a vivir en un medio ambiente sano y tener derecho a vivir en paz.

Una sensibilización partiendo de un diagnóstico real y serio nos permitirá llegar a todos los sectores para que se comprometan a en primer lugar a entender los derechos humanos y en segundo lugar - aunque con un reto mayor - hacerlos sensibles a los problemas especialmente de los pobres y marginados de la sociedad. Esa sensibilización debe pasar por no politizar el término de "derechos humanos" ni para favorecer a sectores políticos ni para ir contra ellos, el término de derechos humanos tiene que ser patrimonio de la humanidad y como tal debe de dársele el sentido correcto de lo que significa y eso sólo se logra con la práctica y el buen uso de los derechos humanos.

2.2. SENSIBILIZACIÓN DE LAS SOCIEDADES A LAS VIOLACIONES DE LOS DERECHOS HUMANOS

El proceso de profundización de la democracia, significa crear las condiciones que aseguren la plena vigencia del Estado de Derecho y dar garantía de respeto a los derechos inherentes a la persona humana. Es necesario el funcionamiento eficaz, orgánico y coordinado de los recursos interinstitucionales y es importante la participación de la sociedad civil en el tema de los derechos humanos.

De parte de la sociedad civil, se tienen que crear estrategias para la prevención de las violaciones a los derechos humanos, crear un ambiente de sensibilización a los problemas de los que más sufren y proponer la organización de un moderno y eficiente sistema de información al ciudadano en derechos humanos a fin de sensibilizar a todos los sectores en el tema.

Equivocadamente se piensa que los "derechos humanos" pertenecen a un sólo sector de la sociedad. Se debe buscar, a través de medios eficaces y modernos, trabajar a la par de los gobiernos y de las instituciones públicas y privadas en políticas que lleven a sensibilizar a las sociedades en el tema de los derechos humanos.

Las sociedades se preguntan ahora más que nunca: ¿Por qué, si a pesar de que contamos con un desarrollo conceptual de los Derechos Humanos y debatido en muchos ámbitos y fuentes documentales, los hombres nos seguimos matando?, o ¿Por qué si todos queremos la paz no nos comprometemos a lograrla?, o. ¿Por qué invocamos a cada rato valores como la tolerancia, la solidaridad, la convivencia, la participación, la justicia, el respeto, etc., pero tenemos profundamente arraigada la actitud de exclusión?, o ¿Cómo evitar que esto siga siendo principalmente un discurso?.

Corresponde en gran medida a los dirigentes de las sociedades y a cada una de las personas, desde cada ámbito de influencia y desde la formación, adelantar acciones en éste sentido, a fin de que las sociedades tomen conciencia de la realidad del mundo, de nuestros propios países y de contar con la fortaleza de los derechos humanos. A través de la sensibilización de las sociedades, se puede conseguir un trabajo común y solidario para fortalecer el espíritu de los derechos humanos; debemos de difundir valores tan importantes como la tolerancia, la paz y la lucha contra el egoísmo.

2.3. APODERAMIENTO DE LAS SOCIEDADES DE LA DEFENSA DE LOS DERECHOS HUMANOS

Las transformaciones ocurridas en el ámbito mundial, llevan a desarrollar por parte de las organizaciones de la sociedad civil un papel cada vez mayor en la dinámica social y política. Es necesario que estas organizaciones conozcan y manejen la doctrina de los derechos humanos como una herramienta de trabajo y como un horizonte orientador, que lleven a que otras organizaciones tanto públicas como privadas se involucren en el tema de los derechos humanos y hagan que las sociedades se apoderen de él como especie de patrimonio de la humanidad.

Los Derechos Humanos están pidiendo una vía de legitimación oportuna y de apropiación de sentido en la comunidad, que se convierte como el primer espacio potenciado para la promoción, defensa y conservación de los mismos. En este sentido, se debe contribuir al fortalecimiento de los procesos de desarrollo educativo, social, político y ético que requieren los países y hacer efectivos los principios de la educación y los valores de la democracia participativa definidos en las Constituciones Políticas.

Se debe fortalecer a las organizaciones de derechos humanos a fin de iniciar un trabajo útil que permita contar con sectores sociales lo suficientemente tolerantes y con voluntad para trabajar en el campo de los derechos humanos.

De la sensibilización debe desarrollarse ese apoderamiento de las sociedades de los derechos humanos para comprender no solo un entendimiento dogmático, sino también un compromiso de los mismos. Se tiene que trabajar directamente con las clases más desfavorecidas y con aquellas personas que, por su situación están desprotegidas, como refugiados o inmigrantes. Se deben de desarrollar diversos programas en zonas marginales para conseguir la integración de todas las minorías y colectivos marginados, y sin la ayuda de la sociedad por completo este reto es muy difícil.

Para conseguir un cambio social, la formación es de vital importancia. Se deben de fortalecer por eso, los cursos de formación de voluntarios y formación de formadores, a diferente nivel social.

Uno de los objetivos de este proyecto, es la preparación de especialistas temáticos de los derechos humanos en el ámbito Latinoamericano. El reto para el próximo milenio es justamente, crear las condiciones más favorables para incentivar una discusión dentro de las sociedades de temas muy puntuales de los derechos humanos, cuya finalidad será la sensibilización y el apoderamiento de los mismos de parte de todos los sectores sociales de estos países.

PROPUESTA PARA LA GARANTIA Y DESARROLLO DE LOS DERECHOS HUMANOS

La clásica división de los derechos humanos en categorías: la primera, de los derechos civiles y políticos; la segunda, derechos económicos sociales y culturales; y, la tercera, derechos de desarrollo, desde hace muchos han ano no responden a las necesidades de las sociedades para apoderarse de los derechos humanos.

Esta división fue necesaria hasta finales de los años 90, cuando en muchos países los derechos humanos estaban siendo violados contra políticos, sindicatos, partidos políticos, agrupaciones sociales, etc. por acciones contra gobiernos dictatoriales en su gran mayoría.

Los derechos humanos se entendían solamente como respeto a la vida y desde allí se derivaban en los otros derechos individuales, como las libertades de expresión, opinión, pensamiento, creencia religiosa, asociación, etc.

Estos derechos individuales han sido, son y serán el punto de partida del desarrollo de cada persona desde el momento en que nacen y por lo tanto son irrenunciables y los Estados tienen la obligación de garantizarlos.

Los derechos colectivos que pertenecen a las sociedades como organización política han sido garantizados por los Estados en la medida de sus posibilidades y estos han usado de pretexto a los convenios internacionales para desarrollarlos. Aquí están el derecho a la salud, alimentación, educación, vivienda, etc. que deben de constituir garantías esenciales a las personas; sin embargo, los estados los han dejado de lado.

Mi propuesta para la garantía y desarrollo de los derechos humanos parte del ineludible entendimiento y aceptación que el Derecho a la Vida es la base para garantizar los demás derechos humanos.

Los Estados son conscientes y prueba de ello es que en sus constituciones políticas el Derecho a la Vida es el primero en garantizar.

A las evidentes violaciones a varios de los derechos humanos contra las personas que se escondían o que no eran tratados a la altura de su importancia, surgían más voces para que no solo haya un reconocimiento político del Estado sino de las mismas sociedades.

Esta situación debe llevar a que los derechos humanos deben de reinventarse en su importancia y tratamiento. Y para ello, necesitamos una nueva propuesta que nos lleve a su garantía y desarrollo.

Mi propuesta trata de ocho módulos temáticos, en cada uno de ellos algunos subtemas básicos y sin perjuicio que se incorporen más.

Obviamente, esta relación de temas y subtemas, está abierta a nuevas consideraciones que puedan salir en este ejercicio de reflexión de la educación de los derechos humanos.

PRIMERA ESPECIALIDAD: JUSTICIA Y DERECHOS HUMANOS

La **administración de justicia**, debe ser vista como un elemento importante. Mientras no se tenga una justicia accesible, equitativa, y "justa" las violaciones a los derechos humanos por este lado van a ser tema de cada día. Se deben crear estrategias trazadas a fortalecer un núcleo regional de académicos comprometidos con la implementación de reformas y mejoras en el sistema de administración de justicia.

Sub temas: a). Situación penitenciaria y derechos humanos; b). Violencia y políticas de seguridad pública; c). Acceso a la Justicia; d) Corrupción de la Justicia y derechos Humanos; e) Los derechos humanos en el orden penal interno; f) Debido proceso y derechos humanos; y, g) Impunidad y Derechos Humanos.

SEGUNDA ESPECIALIDAD: ECONOMIA, GLOBALIZACION Y DERECHOS HUMANOS

La globalización del mercado es un hecho que conlleva cierta globalización cultural y cierta nivelación de aspiraciones, necesidades y gustos. A medida que se avanza en esta línea se van produciendo las reacciones concomitantes que buscan afirmar las especificidades étnicas y preservar identidades amenazadas por el gran mercado del universo donde sólo cuentan los pueblos y las personas por su capacidad solvente de consumo y por su capacidad de producción para incrementar su poder de compra.

Dentro del marco de los derechos económicos, sociales y culturales es necesario un estudio profundo de la globalización y su relación con los derechos humanos, que nos lleven a identificar las falencias que hacen que las desigualdades económicas de los pueblos y sus habitantes cada día sean más extremos.

Sub temas: a) Conflictos del campo y de tierras y los derechos humanos; b) La globalización y su proyección hacia la solidaridad; c) Políticas económicas y derechos humanos; d) Participación de los sectores informales y los derechos humanos; y, e) Derechos del Consumidor y los derechos humanos.

TERCERA ESPECIALIDAD: DESARROLLO Y DERECHOS HUMANOS

El desarrollo de las sociedades no debe verse solamente desde el punto de vista económico, sino también desde su desarrollo cultural, educativo como derechos sociales y de su participación el lograr una protección de la ecología.

Sub temas: a) El medio ambiente y los derechos humanos; b) Tecnología, Informatización y derechos humanos; c) Ecología y desarrollo social; d) Población y desarrollo; y, e) Degradación cultural de los derechos humanos.

CUARTA ESPECIALIDAD: GÉNERO, PROTECCION A LA NIÑEZ Y DERECHOS HUMANOS

La incorporación de una perspectiva de género a los derechos humanos ha venido revelando su riqueza, conforme se hace evidente la importancia de las relaciones de género para nuestra concepción del ser humano y los papeles sociales asignados culturalmente a hombres y mujeres.

En el plano social, las mujeres a menudo han sido excluidas o marginadas, de manera arbitraria, del goce y disfrute de muchos derechos humanos. Existe mucha desigualdad y abusos y a pesar de los millones de voces exigiendo igualdad, muchos de los estados no hacen cambios legales y estructurales agregado a muchas sociedades a las que tenemos que cambiar desde sus modelos educativos hasta culturales.

En el ámbito de niñez, la situación de indefensión en que se encuentran los hace muy vulnerables a violaciones de derechos humanos y en muchos casos estas violaciones provienen desde sus propias familias.

Sub Temas: a) Mirada crítica a los derechos humanos desde la perspectiva de género; b) Los derechos humanos de las mujeres, el camino recorrido; c) Subjetividad femenina y derechos humanos; d) Desde el género hacia los derechos económicos de las mujeres; e) Derechos humanos y violencia intrafamiliar; f) Derechos sexuales y reproductivos, una problemática en discusión; g) Derechos humanos, mujeres y perspectiva étnico-racial; h) Derechos humanos y ciudadanía de las mujeres; i) Derechos humanos, mujeres y poder; j) Poblaciones LGTBI; k) La niñez y el reconocimiento de sus derechos humanos; l) Reproducción humana. Regulación social del avance tecnológico; y, m) Los niños de la calle y los derechos humanos.

QUINTA ESPECIALIDAD: POBLACION INDIGENA Y DERECHOS HUMANOS

Durante largos períodos, los pueblos indígenas, que son las sociedades originarias, han sido marginados, explotados y excluidos del acceso al goce de derechos fundamentales. En los últimos años, esto ha comenzado a cambiar de manera acelerada y es muy probable que siga haciéndolo en la medida en que las organizaciones y pueblos indígenas consigan apropiarse de elementos teóricos y prácticos para hacer efectiva su lucha por el respeto a sus derechos humanos y obviamente los Estados los reconozcan como tales.

Hay que promover la discusión y debate entre los diferentes sectores, a fin de sensibilizar a las sociedades en la importancia de la participación de los pueblos indígenas en el desarrollo de los Estados. Derechos Humanos y grupos más vulnerables excluidos.

Sub temas: a) Derechos humanos y la costumbre; b) La identidad cultural y los derechos humanos; c) La mujer indígena y los derechos humanos; d) La religión y el movimiento indígena; e) La participación en el Poder de los indígenas; y, f) Reconocimiento y defensa de los pueblos indígenas.

SEXTA ESPECIALIDAD: DEMOCRACIA Y DERECHOS HUMANOS

La democracia debe de entenderse no sólo como el juego político, sino especialmente por la participación real de las sociedades en la construcción de una nueva sociedad.

Sub temas: a) La consolidación de las democracias en el mundo; b) Principio de la Igualdad; c) Libertad a la Educación; d) Libertad Cultural; e) La relación entre la indivisibilidad de los derechos humanos, la sociedad civil y el rol de la autoridad pública; f) Los nuevos derechos y el modelo de desarrollo democrático; g) Derecho a una información veraz y libertad de emisión del pensamiento, respetando el derecho a la intimidad; h) La conexión entre crisis de paradigmas y relectura de los derechos humanos a fin de siglo; i) Los derechos humanos y sus implicancias para una ética cívica.

También: j) Derechos sociales y nuevas formas de ciudadanía; k) Memoria histórica, democracia y derechos humanos; l) Ética, política y derechos humanos: hacia una democracia de los derechos humanos; ll) Derechos humanos y ciudadanía, actores sociales y movimientos; m) Sensibilidad y exigencia ética de los derechos humanos dentro de las sociedades; n) Procesos electorales en relación con los derechos políticos; ñ) Política social y derechos humanos; o) Evolución de la concepción de los derechos humanos en la Iglesia; p) Derechos humanos, Fuerzas Armadas y Fuerzas Policiales; y, q) Marginalidad social.

SÉPTIMA ESPECIALIDAD: PAZ, MIGRACIONES Y DERECHOS HUMANOS

La situación de las Poblaciones Migrantes y Afectadas por la Violencia, es otro de los temas a desarrollar. Varios países del mundo han sufrido la guerra, los conflictos internos y otras formas de violencia que han producido que enormes contingentes humanos hayan abandonado el lugar donde vivían para salvar su vida. Estas poblaciones son particularmente vulnerables y con frecuencia están expuestas a la violación de sus derechos fundamentales.

Sub temas: a) La reconciliación; b) La expresión política del sufrimiento; c) Psicología del conflicto y de la paz; d) Las guerras internas y los derechos humanos; e) Derecho Internacional Humanitario; y, f) Derechos y protección a las víctimas.

OCTAVA ESPECIALIDAD: LA PERSONA Y LOS DERECHOS HUMANOS

Los derechos humanos de lo que hoy se conoce como primera generación deben de ser incorporados necesariamente. La figura de Ombudsman o defensor del pueblo, debe de ser fortalecida dentro de su misión histórica de vigilancia y promoción de los derechos humanos. Es necesario, formar a especialistas y académicos en derechos y humanos que puedan asumir la responsabilidad de dirigir la defensa pública de las violaciones a los derechos humanos desde esta instancia.

Sub temas: a) Protección del Sistema Global de las Naciones Unidas y del Sistema Interamericano; b) Instrumentos internacionales de protección de los derechos humanos; c) Derecho a la intimidad (honor, métodos informáticos, bases de datos, historias médicas); d) Derechos Humanos del Peatón; e) Reflexión Filosófica de los derechos humanos; f) Reflexión antropológica de los derechos humanos; g) Los derechos humanos en la vida cotidiana; h) La ancianidad y los derechos humanos; i) Defensa a la vida del no nacido y derechos humanos; y, j) Adultos indigentes y derechos humanos.

CAPITULO III
LEGISLACION GENERAL COMPARADA SOBRE LA APLICACION DE LA PENA DE MUERTE EN LAS AMERICAS

III. LEGISLACION GENERAL COMPARADA SOBRE LA APLICACIÓN DE LA PENA DE MUERTE EN LAS AMERICAS

En el mundo en más de 50 países es legal la pena de muerte y son miles de personas las que esperan en el corredor de la muerte ser ejecutados por sus gobiernos, con diversos métodos como ahorcamiento, inyección letal, entre otros.

El reporte del 2019 de Amnistía Internacional (AI) sobre la pena de muerte, dice que son 56 países del mundo que mantienen en sus legislación la pena de muerte, y 28 países la tienen en sus leyes, pero llevan al menos una década sin llevar a cabo ejecuciones.

Los países y territorios en América que aún tienen esas leyes en curso son Belice, Bahamas, Cuba, Estados Unidos, Guayana, Jamaica, Santa Lucía, Granada y Trinidad y Tobago. El resto de los países están sobre todo África y Asia. Los países del continente que son "abolicionistas solo para delitos comunes" son Brasil, Chile, El Salvador, Guatemala y Perú.

3.1. ARGENTINA

País en el cual estuvo sujeto a dictaduras y exterminación entre sus habitantes a razón de esto se abolió la pena de muerte porque existió guerra y se derramo sangre entre sus pobladores y es por ello que alcanza la democracia y por eso termina con dicha figura. La constitución establece: "la pena de muerte para ofensas políticas, todo tipo de torturas, y castigos, quedan para siempre abolidos". Sin embargo, la pena de muerte podía ser usada en caso de una guerra tanto civil como internacional. Esto estuvo vigente, hasta que en el 2007 se derogó el código de justicia militar. La última ejecución fue en 1931.

3.2. BOLIVIA

Dentro de su constitución no existe la pena de muerte, y los asesinatos, parricidios o traiciones a la patria solamente se aplica una pena de treinta años, lo regula de esta manera a pesar de los problemas sociales y económicos que vive el país. La última ejecución se realizó en 1974. Fue abolida en el 2009.

3.3. BRASIL

Se le considera un país abolicionista: sin embargo el número de ejecuciones realizadas por la policía es alto, las ejecuciones se dan en plena luz del día y en la calle; esto causa una controversia ya que en su ordenamiento jurídico dicha pena no se contempla. La última ejecución se realizó en 1855. Actualmente se aplica en casos de: "grave crimen de naturaleza militar cometido durante tiempos de guerra" y para otros delitos fue abolida en 1979.

3.4. CANADA

No ha suscrito a la Convención Americana sobre Derechos Humanos, se piensa que por ser un país tan progresista este en contra de la pena de muerte para poderlo tomar como un ejemplo para los países que están en pleno desarrollo y buscan llegar a tan grandes avances que ha logrado. La pena capital fue abolida en 1976 y la última ejecución se realizó en 1962.

3.5. CHILE

Ha sufrido muchos años de violencia, especialmente durante la dictadura de Augusto Pinochet quien elimino las funciones del Estado creando conflicto entre civiles y militares; a pesar de este sufrimiento la pena de muerte aun se regula en su Constitución, sin embargo internacionalmente se le considera un país abolicionista de Facto según el documento presentado por el Secretario General de la Comisión de Derechos Humanos. La última ejecución se llevó a cabo en 1985.

3.6. COLOMBIA

A pesar de la firma de la Paz con el principal grupo guerrillero, la violencia se observa de manera general y aun persisten hechos delicitvos por grupos insurjentes y el ejercito quienes cobran justicia ante los civiles por su propia mano; para regular todos los delitos especialmente los secuestros que son lo más comunes el ordenamiento jurídico no ha adecuado las penas necesarias para sancionarlos. De manera directa no se regula la pena de muerte pero dentro del país cualquiera es ejecutado pero no legalmente. La pena fue abolida en 1910 y la última ejecución se realizo en 1909.

3.7. COSTA RICA

Es un país que sobresale por su manera eminentemente democrática y es reconocido por el Secretario General de la Comisión de Derechos Humanos como uno de los países que en su totalidad es abolicionista aunque en su constitución no se establezca de manera precisa que no exista dicha figura, pero en ella si garantizan de manera detallada la no violación al derecho de la vida humana.
Costa Rica abolió la pena de muerte en 1877.

3. 8. CUBA

Dentro de su ordenamiento jurídico se regula la figura de la pena de muerte, esto se da a pesar de la educación, el orden y principios socialistas que se supone existe en dicho país, no hay datos específicos sobre las fechas de las ejecuciones. La última ejecución pública fue en el 2003, aunque se habla de más ejecuciones después de esa fecha. Según su ley solo se aplica en casos de Piratería aérea; crímenes contra la seguridad del estado y asesinato.

3.9. ECUADOR

En las últimas décadas, se ha visto envuelto en conflictos sociales e incluso de dictaduras militares: sin embargo, refleja en su ordenamiento jurídico respeto por la vida humana a tal punto que fue uno de los primeros países en abolir la pena capital en 1817 e incluso se le considera uno de los países que impulsaron la abolición de la pena de muerte.

3.10. EL SALVADOR

En este país la pena de muerte se aplica únicamente a los casos previstos por leyes militares en el Estado de Guerra Internacional, en dicho país a pesar de los años de guerra que se vivieron la pena quedo sin efecto pero en 1998 el Presidente de dicho país en algunos informes estableció que es necesario aprobar el castigo máximo para poder terminar con la delincuencia común. En el Salvador se abolió la Pena de Muerte para los delitos comunes en 1983 y la última ejecución se realizó en 1973.

3.11. ESTADOS UNIDOS DE AMÉRICA

Es uno de los países que no forma parte de la Convención Americana sobre los Derechos Humanos. En 33 de los 50 estados que la forman se regula la pena de muerte la cual se puede aplicar la los menores de edad y a las mujeres, y cuando se habla de abolir se resalta que se costo es mayor al de mantener a los reos condenados durante el resto de su vida a prisión.

Se ejecuta por delitos de Homicidio (en algunos Estados); espionaje; traición; y tráfico de drogas siempre y cuando sea en grandes cantidades.

La pena de muerte está vigente en todo el país en lo que se refiere a delitos federales y militares. En cuanto a los delitos estatales, la mayoría de los estados la aplican pero hay algunos que no.

Desde que el Tribunal Supremo restituyó la pena de muerte hace 40 años un total de 1,522 presos han sido ejecutados en Estados Unidos, tan solo seis de ellos a manos del gobierno federal. La última ejecución federal ocurrió en 2003 y actualmente quedan 61 presos condenados a la pena capital por el Gobierno. La ejecución por inyección letal es legal en 29 de los 50 estados en Estados Unidos y más de 2.600 presos esperan su condena a muerte.

La justicia en Estados Unidos es Federal (decide en todo el país) y Estatal. Aunque 21 estados han abolido la pena de muerte y aunque los gobernadores de cada Estado decidan eliminarla, sigue estando vigente en las leyes federales y ningún presidente de este país ha hecho el intento por eliminarla por completo.

3.12. GUATEMALA

Sobresale por haber tenido uno de los conflictos internos más prolongados del continente y por graves violaciones a los derechos humanos en que finalmente reminaron con la firma de la paz en 1996.

Si bien es cierto que su Constitución estipula la pena de muerte, las causales han sido modificadas por una ley del Congreso contraviniendo los principios de la Convención Americana de Derechos Humanos. Actualmente es uno de los países donde hay más condenados a muerte. La última ejecución fue en 1996.

3.13. HAITÍ

A lo largo de su historia se ha sufrido de muchas dictaduras, dominación de las clases poderosas, luchas en donde ha corrido sangre y especialmente gobiernos de terror en donde se practicaba la tortura y los asesinatos. Otro problema que se presenta es un alto grado de analfabetismo y una inmensa pobreza, pero a pesar de ello la pena de muerte en su ordenamiento jurídico esta abolida. La última ejecución se realizo en 1972 pero las ejecuciones extrajudiciales si se llevaron a cabo. Fue finalmente abolida por la Constitución en 1978.

3.14. HONDURAS

País de escasos recursos y como todos los centroamericanos sufrió de problemas en su vida institucional pero dentro de su ordenamiento jurídico no se regula la pena de muerte, lo cual le da un lugar al país dentro del ámbito abolicionista dentro del ámbito internacional.Honduras abolió la pena de muerte en 1956 y la última ejecución se realizo en 1940.

3.15. MÉXICO

País el cual presenta un alto grado de crímenes atroces que se realizan en cualquier momento y que en su mayoría son un atentado contra la vida o la integridad de las personas, a causa de ello los últimos gobiernos están tomando como una posibilidad el hecho de realizar nuevamente algunas ejecuciones, pues lo consideran necesario para que el índice de violencia disminuya de manera razonable.

La pena de muerte estaba contemplada por la Constitución de 1917, por homicidio con alevosía, parricidio y traición a la patria. Ultima ejecución civil en 1937 y militar en 1961. Para 1975, todos los estados de la república mexicana habían abolido la pena de muerte aunque a nivel federal seguía existiendo. Abolida en el 2005 para todos los crímenes.

3.16. NICARAGUA

Se considera un país en vías de desarrollo. Tiene serios problemas politicos de violaciones a los derechos humanos desde el regimen de gobierno.

Al estudiar su Constitución se puede conocer los avances que tiene ya que en ella no existe la figura de la pena de muerte porque se considera que no es un medio de coacción para los delincuentes y buscan nuevas formas de combatir la delincuencia. Nicaragua abolió la pena de muerte en 1979 y la última ejecución se realizo en 1930.

3.17. PANAMA

País el cual a lo largo de su historia ha sufrido problemas como la falta de identidad, y problemas de tipo político a falta de buenos gobernadores; a pesar de ello siempre ha mantenido dentro de su constitución la garantía al derecho a la vida y por ello se considera un país eminentemente abolicionista. La última ejecución se realizó en 1903. Abolió la pena de muerte en 1922.

3.18. PARAGUAY

Es un país el cual vivió una época de terror sin respeto alguno por los derechos humanos y solo prevalecía la opresión que compartía con los países latinoamericanos, por estas razones no se regulen la pena de muerte debido al sufrimiento vivido se logro un avance en la democracia. En Paraguay se abolió la pena de muerte en 1992 y la última ejecución fue en 1928.

3.19. PERU

La situación de inseguridad ciudadana de los últimos meses en el Perú, han llevado a que algunos sectores clamen la reimplantación de la pena de muerte para delitos que no están contemplados en la

Constitución Política. Perú es uno de los pocos países que tienen contemplada la pena de muerte a pesar de los problemas que se presentan para su aplicación, esta se impone en los casos de traición a la Patria y terrorismo. La última ejecución se realizó en 1979, durante el gobierno del dictador militar Morales Bermúdez.

3.20. REPÚBLICA DOMINICANA

La constitución no regula dicha figura, se considera un país abolicionista, en el se registran épocas de represión al igual que la mayoría de los países de América Latina. La última ejecución se realizo en 1966.

3.21. URUGUAY

Es un país al cual en el ámbito internacional se le reconoce como estable y democrática, tiene un ordenamiento jurídico acorde a sus principios y por lo tanto no puede tener implementada la pena de muerte ya que iría en contra de su sistema democrático. La pena de muerte fue abolida en 1907 y en este país nunca se ha realizado ejecución alguna. Su última ejecución fue en 1902

3.21. VENEZUELA

Dentro de su constitución regula el derecho a la vida y para ello prohíbe de manera determinante la aplicación de esta o regulación en otros códigos o leyes. Es un país con serios problemas politicos, economicos y sociales. Abolió la pena de muerte en 1863 y no se conoce de ninguna ejecución.

BIBLIOGRAFIA

AMNISTIA INTERNACIONAL (1989). *Cuando es el Estado el que mata... los derechos humanos frente a la pena de muerte.* EDAI, Londres, Inglaterra.

AMNISTIA INTERNACIONAL (2011). *Informe Mundial del 2010.* Londres, Inglaterra.

AMNISTIA INTERNACIONAL (2016). *Informe Mundial del 2015.* Londres, Inglaterra.

AMNISTIA INTERNACIONAL (2020). *Informe Mundial del 2019.* Londres, Inglaterra.

BUERGENTHAL, T. GROSSMAN, C. & NIKKEN, P. (1990). *Manual Internacional de Derechos Humanos.* Instituto Interamericano de Derechos Humanos, San José, Costa Rica.

CONSTITUCION DE LA NACION DE ARGENTINA (1994)
CONSTITUCION POLITICA DEL ESTADO DE BOLIVIA. (1995)

CONSTITUCION POLITICA DE LA REPUBLICA FEDERAL DE BRASIL (2001)

CONSTITUCION POLITICA DE LA REPUBLICA DE CHILE (1980)

CONSTITUCION POLITICA DE COLOMBIA (1991)

CONSTITUCION POLITICA DE LA REPUBLICA DE COSTA RICA (1949)

CONSTITUCION DE LA REPUBLICA DE CUBA (1976)

CONSTITUCION POLITICA DE LA REPUBLICA DOMINICANA (2002)

CONSTITUCION POLITICA DE ECUADOR (1998)

CONSTITUCION POLITICA DE LA REPUBLICA DE EL SALVADOR (1983)

CONSTITUCION POLITICA DE LA REPUBLICA DE GUATEMALA (1985)

CONSTITUCION POLITICA DE LA REPUBLICA DE HONDURAS (1982)

CONSTITUCION DE LA REPUBLICA DE HAITI (1987)

CONSTITUCION POLITICA DE LOS ESTADOS UNIDOS MEXICANOS (1917)

CONSTITUCION DE NICARAGUA (1987)

CONSTITUCION POLITICA DE PANAMA (1972)

CONSTITUCION DE LA REPUBLICA DE PARAGUAY (1992)

CONSTITUCION POLITICA DE LA REPUBLICA DE PERU (1993)

CONSTITUCION POLITICA DE LA REPUBLICA ORIENTAL DEL URUGUAY (1967)

CONSTITUCION DE LA REPUBLICA BOLIVARIANA DE VENEZUELA (1999)

FAUDEZ L. H. (1992). *El Derecho a un juicio justo: Las condiciones que debe reunir todo tribunal,* en Boletín 33. Comisión Andina de Juristas. Lima, Perú.

FAUDEZ L. H. (1992). *Derecho a la vida y la pena de muerte,* en Boletín # 34. Comisión Andina de Juristas. Lima, Perú.

FAUDEZ L. H. (1993). *Derecho Internacional y la pena de muerte,* en Boletín # 38. Comisión Andina de Juristas. Lima, Perú.

GARCIA-SAYAN, D. (1992). *Nuevas Situaciones en la Vigencia de los Derechos Humanos,* en Boletín 32. Comisión Andina de Juristas, Lima, Perú.

HENKIN, L. (1988). *The Rights of man today.* Center for the Study of Human Rights, Columbia University, Nueva York, Estados Unidos de América.

NACIONES UNIDAS (1962). *La pena de muerte.* Departamento de Asuntos Económicos y Sociales de la ONU, Nueva York, Estados Unidos de América.

NACIONES UNIDAS (1989). *Eliminación de todas las formas de intolerancia y discriminación fundadas en la religión o las convicciones.* Nueva York, Estados Unidos de América.

NACIONES UNIDAS (1989). *Mecanismos de lucha contra la Tortura.* Nueva York, Estados Unidos de América.

NACIONES UNIDAS. *Estudio sobre los derechos de las personas pertenecientes a minorías étnicas, religiosas o linguísticas.* Nueva York, 1991.

NACIONES UNIDAS (1991). *Derechos Civiles y Políticos: El Comité de Derechos Humanos.* Nueva York, Estados Unidos de América.

NACIONES UNIDAS (1991). *Ejecuciones arbitrarias o sumarias.* Nueva York, Estados Unidos de América.

NACIONES UNIDAS (1992). *El Derecho Humanitario Internacional y los Derechos Humanos.* Nueva York, Estados Unidos de América.

NACIONHES UNIDAS (1992). *Los derechos de las minorías.* Nueva York, Estados Unidos de América.

NACIONES UNIDAS (1993). *Conferencia Mundial de Derechos Humanos. Declaración y Programa de Acción de Viena.* Nueva York, Estados Unidos de América.

NACIONES UNIDAS (1994). *Comité contra la tortura.* Nueva York, Estados Unidos de América.
NACIONES UNIDAS (1994). *Derechos Humanos: Recopilación de instrumentos internacionales.* Nueva York, Estados Unidos de América.

NACIONES UNIDAS (1995). *Las Naciones Unidas y los derechos humanos, 1945-1995.* Nueva York, Estados Unidos de América.

O'DONELL, D. (1989). *Protección Internacional de los Derechos Humanos.* Comisión Andina de Juristas. 2da. edición, Lima, Perú.

PACHECO, F. A. (1990). *Introducción a la Teoría del Estado.* Universidad Estatal a Distancia, 2da. edición, San José, Costa Rica.

POLO, L. F. (1990). *Teoría de la Criminología Crítica,* en Boletín # 27. Comisión Andina de Juristas, Lima, Perú.

POLO, L. F. (1992). *Delitos Políticos,* en Revista del Instituto de Ciencia Política y Derecho Constitucional. Universidad Privada "Los Andes", Huancayo, Perú.

POLO, L. F. (2020). *Fundamentos Filosoficos de los Derechos Humanos.* Editorial Grandez. Cuarta Edicion. Los Angeles, California. Estados Unidos de América.

SOLARI T. L. (1987). *Derecho Internacional Público.* Studium, 3da. edición, Lima, Perú.

VASAK, K. (1990). *Ensayos sobre Derechos Humanos. Las dimensiones Internacionales de los derechos Humanos.* Volumen I, Comisión Andina de Juristas, Lima, Perú.

VILLARAN, M. V. (1936). *Cuestiones Generales sobre el Estado y el Gobierno.* Gil, 2da. edición, Lima, Perú.

ZAMBRANO P. A. (1994). *Sentido y justificación de la pena,* en Boletín # 42. Comisión Andina de Juristas, Lima, Peru.